BIAODASHU
HUA SHUODE PIAOLIANG
SHI BENSHI

表达术

话说得漂亮是本事

赵 辉 —— 编著

四川大学出版社

责任编辑:周　艳
责任校对:孙滨蓉
封面设计:李　品
责任印制:王　炜

图书在版编目(CIP)数据

表达术，话说得漂亮是本事 / 赵辉编著. —成都：四川大学出版社，2018.6（2025.6 重印）
ISBN 978-7-5690-1977-3

Ⅰ.①表…　Ⅱ.①赵…　Ⅲ.①口才学－通俗读物　Ⅳ.①H019-49

中国版本图书馆 CIP 数据核字（2018）第 144672 号

书名　表达术，话说得漂亮是本事

编　　著　赵　辉
出　　版　四川大学出版社
地　　址　成都市一环路南一段 24 号 (610065)
发　　行　四川大学出版社
书　　号　ISBN 978-7-5690-1977-3
印　　刷　合肥市星光印务有限责任公司
成品尺寸　145 mm×210 mm
印　　张　8.75
字　　数　178 千字
版　　次　2019 年 1 月第 1 版
印　　次　2025 年 6 月第 3 次印刷
定　　价　59.80 元

◆读者邮购本书，请与本社发行科联系。
电话：(028)85408408/(028)85401670/(028)85408023　邮政编码：610065
◆本社图书如有印装质量问题，请寄回出版社调换。
◆网址：http://press.scu.edu.cn

前言

常言道："人不求人一般大，求人就得说好话。"在现实生活中，我们交际、办事、销售、谈判、演讲等都需要讲话。然而，把话讲得恰到好处却并非易事。有时一句话能把人说笑，有时一句话也能把人说跳。

日常生活中，有的人心地善良，想办好事、说好话，但有时由于没有掌握说话的技巧，说错了话，做了好事反倒落下坏印象。说话是一门技巧性很强的艺术，美好的话语能使人身心愉悦，让别人在和你相处时，感到分外亲切，从而愿意向你吐露心声。说话技巧是每个人都应该掌握的。

说话能力如同我们的写作能力、组织能力，都是人类智慧的一种反映。它是一种用口头语言准确、恰当、生动地表达思想感情的能力。然而，能说话并不等于有口才。怎样说话最有效？怎样才能把话说得动听、恰当呢？本书从日常生活、职场、演讲、谈判、论辩、营销等多方面对说话技巧进行了详细的介绍，另外还对领导的说话艺术、家庭的沟通技巧和幽默语言等进行了多角度论述。有效的说话艺术应该具备以下几个特征：

（1）话说得要有内容。这是指说话必须有目的性，通过语言把我们的意思完整地表达出来。如果一个人在做报告时，空话、套话、废话连篇，谁又想听呢？

（2）话说得要有道理。有些人说起话是一套一套的，可是仔细听，他们或是强词夺理，或是胡搅蛮缠，根本听不出丝毫的道理，这样的话谁又想听呢？

（3）话说得要有主次之分。如果我们不分主次地说了一大通，听的人却如“丈二和尚——摸不着头脑”，那就失去了谈话的针对性，也就如文章没了章法。

（4）话说得要有文采。我们常常感觉一些人说话有道理，也听得明白，就是听起来没有吸引力，让人没有兴趣继续听下去，其原因就在于对方的话说得没有文采，也不生动，不能吸引人。

如果我们说话能够遵从以上四点，那么讲出的话就会清晰、准确、生动且富有艺术感染力。这样的话，听的人既爱听，又容易接受。教别人如何把话说得漂亮，是这本书的意义所在。

目录

第一章 日常说话最有效的妙招

第二章 谈判时的技巧与方法

第三章 营销中出奇制胜的说话技法

第四章 论辩的技巧与方法

第五章 这样讲话的领导最得人心

第六章 这样说话让你在职场游刃有余

第七章 这样说话 最能营造美好家庭生活氛围

第一章

日常说话
最有效的妙招

在日常生活中，有效说话能够为自己增添魅力，高效地解决问题。对每个人来说，掌握有效说话的技巧是极为重要的。

谨慎使用“对不起”

在日常交流中要谨慎使用“对不起”。

如在某次竞选活动中，有一个地区的选民分为两派，双方的助选员为了替自己的拥护者争取到更多的选票，不惜使用一些卑劣的手段。

在某天的竞选演说上，乙方的助选员突然发现一名前几天承诺要投他们一票的人，居然在听甲方的演说，便气势汹汹地上前质问道：“你是不是忘了自己的诺言？”

那人回答说：“你看我是那种人吗？如果你认为我是，那就当我们不认识好了，我也不再替你们出力了。”

这句不软不硬的话使质问者顿时失去攻击的目标，再也无法兴师问罪，最后只有笑着说：“我只是问问罢了，千万不要当真啊！”

被质问者的回答可谓无懈可击，一来他没有承认对方的质疑，也根本没有道歉；二来他还反问对方是否不重视他这张选票。

据了解，很多人的口头禅就是“对不起”，常常事情还没搞清楚，只要有人指责自己或觉得自己有嫌疑，就先道歉。但如此一来，就等于承认自己犯的错，往后就算是要上诉，也会被人抓住把柄。

一般人碰上以上这类事情，有时会直接反问：“是又怎么样？”

事实上，这种回答对问话者而言是最无法忍受的，说不定对方会抓狂一拳挥过来。当然，还有另一种简单的回答：“没有啊！真的，请相信我，我不是那种没有诚信的人。你千万不要误会，不要听别人瞎说。”这种睁眼说瞎话的辩解，同样也无济于事，对方反而会觉得你把他当成白痴在糊弄。

也许有人会问：“如果自己一开始没有坚定反驳对方的质疑，就会处于下风，还能期望有什么好结果呢？”

其实不然，因为你在表面承认或赞同对方的说法时，是用一种反讽和质问的语气来回答对方，对方根本不知道你的真实意图，看起来好像附和，实质上却是质疑和否认对方的指控。

在法国，人们说得最多的一句话是“对不起”，但最不敢乱说的也是“对不起”。日常生活中，如人们在路上行走不小心踩到对方的脚，或在餐厅将侍者的托盘碰倒，常常能听到有人说“对不起”。这句话就像日本的鞠躬礼和“请多关照”一样普通。但碰上比较严肃的问题时就不一样，这时，每个人应当谨慎，绝不轻易说“对不起”，并且要一直坚持自己的立场。

谨慎说出“对不起”，这也是“攻心”说话策略应用于生活中常见的一个法则。

偏离话题时公开追问

一般说来，人们总是希望在提出问题后能够得到对方如实和圆满的回答。但如果别人误解了我们的提问或出于某方面的考虑而不直接回答我们的问题时，那他就可能偏离话题，岔开我们的追问，回复的通常是莫名其妙的答案，这种语言诡辩技巧，被称为答非所问诡辩术。

美国前总统里根在访问中国期间，曾去上海复旦大学与学生见面。有一个学生问里根：“您在大学就读时，梦想过自己今后会成为美国总统吗？”

对于学生提出这样的难题，里根根本就无思想准备，可他却机敏地运用答非所问诡辩术，巧妙地回避了学生的提问，他说：“我学的是经济学，在我毕业的时候，美国约有 1/4 的大学生要失业，所以我只想先有个工作。我是个球迷，于是当了体育新闻广播员，后来又在好莱坞当了演员。这是50年前的事了。”

在外交场合，答非所问诡辩术常常会被运用。因为在该场合，一方不便于正面回答另一方提出的问题，同时又不能不回答，就只得采用答非所问诡辩术，既委婉地拒绝回答对方的提问，又活跃了严肃场合的气氛。

印度讽刺小说《一头驴子的自述》描述了一头会说“谢谢”的驴子为不幸遇难的洗衣匠的妻儿们申请救济时，一而再，再而三地在各个政府部门里碰壁的故事。其中，它到渔业部交涉时，那位办事员的答话也是采取了答非所问的诡辩术。

驴子说：“喂，老兄！你听我说，事情是这样的，一个托比被一条鳄鱼吃了。”

办事员把手放在下耳边问：“什么，你说什么呀？”

驴子提高嗓门：“一个托比被一条鳄鱼吃了！”

办事员呆傻的脸上露出了一丝奇怪的笑容，“一个托比吃了一条鱼有什么可大惊小怪的？很多托比都吃鱼。如果不吃，我们渔业部怎么办？”

驴子说：“不是托比吃了鱼，而是鳄鱼吃了托比。”

办事员若有所悟地说：“噢，不是托比，而是鳄鱼吃了一条鱼。好！好！那有什么值得抱怨的呢？大鱼吃小鱼嘛！不吃，它们怎么活？”

驴子高声喊道：“你听清楚！不是一般的鱼，而是一条鳄鱼！”

办事员说：“是的，一条鳄鱼。”

驴子向办事员解释道：“还有一个托比，请你记住，一个托比，一条鳄鱼。”

“唔，一个托比，一条鳄鱼。往下说。”

“这个托比在河边洗衣服。”

“洗得干净吗？”

驴子生气地说：“我管他洗得干净不干净！”

办事员说：“我家的那个托比就洗不干净。如果你愿意，我就雇你的那一个。”

驴子气愤地说：“你怎么不把我的话听完？”

“好，还有什么？你说吧！一个托比，一条大鳄鱼。托比在河边洗衣服。然后呢？”

“就在他洗衣服时，来了一条鳄鱼咬住了他的腿。”

“咬住了什么？请大声点儿，我的耳朵有点背。”办事员说。

“咬住了他的腿！腿！”驴子高声叫道。

“鸡腿！”办事员笑嘻嘻地叫了起来。

“不是鸡腿，是托比的腿。”

“托比的腿我可从来没有吃过，”办事员深表遗憾地说，“什么味道？”

驴子终于恼火了，说：“不是我吃了托比的腿，而是当托比在河里洗衣服的时候，一条大鳄鱼游过来把他拽进水里吃掉了。听懂了吗？”

“哦！懂了，懂了。”办事员点了点头说，“洗衣匠在洗衣服时来了一条大鳄鱼，把他的衣服吞吃了。”

最后，驴子只好狠狠地瞪了办事员一眼，无可奈何地朝下一个窗口走去。

为人而不得罪人

如果想挫败一个骄横者的锐气，就必须沉重地打击他，使他无法再感到自满。但如果他还有一位竞争对手，那么就可以通过称赞其竞争对手而贬低他，以此来激发他的上进心。

凡是有经验的上司和企业管理者都应该对说话的技巧进行深入研究，善于分析人的心理，才能使个人、公司或企业的利益最大化。

一位企业主管手下有两名得力的助手，这两位助手年龄相当，在工作上互相竞争，但都很受器重。

其中，甲先生对于自己的才能相当自信，经常看不起他人，因而在公司内部的人缘很差。于是这位主管决定用“攻心术”来提醒并警告这位下属，以免他日后不可一世。

有一天，这位主管故意对甲先生说："乙先生是个优秀的管理人才，而且人品也相当不错。之前我与他在咖啡厅谈了很久，发现他还喜欢看书，也懂得许多事情，更对公司的管理情形提了许多宝贵意见，我觉得这样的人才确实不可多得。"

任何人，在面对自己的竞争对手被人称赞时，都会觉得别人是在批评自己。这位主管使用的"攻心术"正是先把被对方看不起的人提升到一定的高度，使对方感觉自己以前所依仗或重视的才华在别人眼里原来是如此渺小，于是就会对自己的判断和实际能力产生怀疑，这样他的态度就会由骄傲转为谦恭，工作上也会更加努力。

说话的艺术高深莫测，这就需要说话者去发掘这方面的技巧，并掌握、运用说话的尺度。

如果那位主管说："你虽然聪明，但与乙先生比起来却稍稍逊色。"那么他不但无法帮助甲先生改正缺点，还可能会使甲先生对乙先生产生仇恨心理，非但无法拉近下属之间的关系，反而会使彼此的竞争更剧烈，从而导致恶意竞争局面的形成，影响公司的利益。

因此，即使你的下属之间有才能上的差异，也不可当面说出，否则，优秀者可能从此目中无人，稍逊者也会因而愈发消极，无法提高工作效率。

人们在判断一件事时，往往会无意识地采用对比这一方式，如果被提及某一个问题，其判断基准通常采用社会上的一般常识，这也是一般人的心理。

假设一位公司主管，准备将一名不受重用的职员调到分公司。如果主管直接对他说道：“你不适合在总公司工作，还是到基层去锻炼吧！”该职员的内心必定会有被放逐的感觉。

但这个时候只要稍稍运用一下语言技巧，对方就会欢天喜地地去分公司报到。

打个比方，如果那个主管说的是：“我本想让你去乙分公司任职，但在研究了你的长处后，发现甲分公司更适合发挥你的才能，加上乙分公司离你家太远了，上班可能不太方便，所以将你调动到甲分公司。”这时，这位职员不但会在那里继续努力，而且还会对主管心存感激。

抓准对方的弱点

奥莉娅娜·法拉奇是意大利的著名女记者，也是当代最伟大的女性之一。她曾经采访过无数的政府官员，数次深入战火纷飞的战场进行实地采访。20世纪60年代，美国对战越南时，她就曾在越南战场上出生入死，留下了许多著名的报道。

那么她成功的秘诀在哪里呢？就在于她善于运用“精准攻心”

的语言策略来对付被采访者的各种诡辩。这也是她荣获“政治记者之母”美名的关键。

她曾说过：“我的秘诀是开门见山地打开气势，然后给对方最致命的一击。”

战国时期，齐国有位辩士叫田骈，擅长摇唇鼓舌，喜欢用言语攻击别人，人称“天口骈”。此人自命清高，表面上是一副清贫的样子，实际上却是俸禄千石，常出入豪富之家，他的随从比普通官员还多。其整日以“效许由而不入仕”为幌子招摇撞骗，是个沽名钓誉之徒。于是，有人决定要当众揭穿他的伪君子面目。

有一日，田骈正与众门客在花园下棋，忽然有人走入花园求见。那人先对田骈奉承一番，表示极为佩服他不追求功名利禄的高尚情操，又表明了自己愿意跟在他的身边做一名小徒的决心。

田骈被那人捧得心里美滋滋的，忍不住问道：“你是从哪里了解我这些事迹的？”

那人答道：“我家隔壁的女子。”

田骈越发志得意满，说道：“那女子如何这样了解我呢？”

那人一本正经地回答说：“她不但了解你，还每夜膜拜你。”

田骈更感兴趣，继续追问：“你知道那女子是什么人吗？”

那人答：“我邻家的女子自命清高，曾发誓永不出阁。今岁三十，生子七人，虽无婚姻，养子之术比那些结过婚的还厉害。同理，先生常自喻许由，厌倦官场，但为何仍食皇禄、役多人，出入乘驷马之车？先生的行为，岂不是和那未结婚生子的女子一样吗？”

“天口骈”哑口无言，最后只好拂袖而去。

这是“攻心”说话的最好例证。那人开始运用诱导术来奉承田骈，使其放下防范，然后再以一个绝妙的“独身女子善生男”的故事来揭穿对方，使他的丑陋面目大白于天下。

和人争辩时，只需抓准对方心理的弱点，找到漏洞所在，便可一击而中。例如在商业谈判中，对方用虚假的条件来诱惑你时，只需揭穿他的谎言，对方就会顿失上风，再运用“攻心术”说服对方，即可获得成功。

不循常理的归纳推论

把某种一般性、普遍性的结论，不考虑时间、条件、地点，简单地套用到特殊事物上，这种诡辩技巧统称为以全概偏诡辩术。

这里所说的一般性、普遍性的结论，是人们按经验归纳所得的“通则”。这种结论来自正常情况下所发生的事件或大多数情况的概括，所以它不适用于特殊情况。

古希腊哲学家柏拉图在《理想国》一书中，对于“欠债必还”这个通则，就举出反驳的例子：“假如一个朋友在精神正常时将一支枪放在我这里，而在精神失常时向我索取枪，此时，我是应该给他呢？还是应该不给他呢？显然，没人会说我应该还给他。”

康德在《道德形而上学》一书中，对于“人不能说谎”这个通则举出过“有时人可以说谎”的例子：“在病人患了绝症时，为了不影响病人的情绪，医生和病人家属通常都会向病人隐瞒病情，有谁能说这种说谎是不允许的呢？”

所谓的“通则”，在一般情况下说来是正确的道理，但并非放之四海而皆准，因为特定条件下发生的某些个例事件并不如此。以全概偏诡辩术就在于将本来不能用常理来解释的事件仍以常理来解释。下面的例子都属于以全概偏式诡辩。

例一：“昨天买什么，今天就吃什么。”

“昨天买的是耗子药，今天就吃耗子药。”

例二：“如果一个人干的活儿让 60 个人干，就能快 60 倍。”

“挖坑埋柱子，如果一个人干一分钟就能完成，照这么说，60 个人干一秒钟就能完成。”

例三：“人应以诚待人，不应搞阴谋诡计。”

“在生死相搏的战场上，我们也应以诚待人，对敌人不该搞阴谋诡计。”

在生活中，虽然有些偶然现象与例外事件可以用经验和知识来判断，但有很多情况却只能根据其事件的偶然性或特殊性来判断，而不可按其常理或通则对此做出肯定或者否定的判断。

这种手法常为保守思想者所固有。殊不知社会是向前发展的，我们不应该总固守与时代不合的陈旧思想。

但是，以全概偏作为诡辩技巧则不然。在论辩中，以全概偏诡辩术往往能起掩饰的作用。当例外与特殊对己不利，或不能赞同某种建议时，就可以利用常理与通则的合理性将例外与特殊忽略掉。

以全概偏诡辩术只要不用于自然科学领域就不会产生错误，即便它通常被视为逻辑错误也没关系。这是因为谈判与论辩不可能具有长期性，也就是说，谈判与论辩不可能像研究自然科学课题那样反复停留在理论上，被人无休止地论证直至被确认。

在实际生活中，以全概偏诡辩术在谈判与论辩中还是很实用的。

从自嘲自讽到自我超脱

人人都有自己的缺点或缺陷，这不是什么不光彩的事。但如果能够勇于自我暴露问题，揭露自己的缺点，则更可以显示自己的真诚与责任感，往往会被人贴上可靠、勇敢的标签，显得自己心胸豁达，并淡化了自身缺陷。

利用人们上述的心理因素，当自己陷入窘境时采用自嘲自讽和自我贬低的方法，嘲弄自己的缺点，贬低自己的优点，以此作为摆脱窘境的良方，这就是自嘲诡辩术的巧妙所在。

戈尔巴乔夫最爱讲一个关于他本人的笑话，用来嘲笑他自己改革苏联经济时所做出的努力。

戈尔巴乔夫想用经济改革的成就来挽救他政治体制改革的失败，经过一系列的努力，仍无济于事。

在一次俄罗斯联邦大会上，他对记者说："有位总统拥有一百个情妇，其中一个患有艾滋病，但很不幸，他分不出是哪个；另一位总统拥有一百个保镖，其中就有一个是恐怖分子，但很不幸的是，他也不知是哪个。"

戈尔巴乔夫环视了一下四周的记者，自嘲说："我拥有一百位经济学专家，其中有一个是聪明的，但很不幸，我也不知道是哪个。"

他在这里应用自我嘲弄的目的，是想把经济改革的失败推给经济学专家，摆脱自己失败的改革政策所带来的罪责。

在我们与人交谈时，会遇到对方置自己于尴尬境地的情况。这时，自嘲诡辩术无疑是摆脱窘境的好办法。

20 世纪 50 年代初，美国前总统杜鲁门会见麦克阿瑟将军，会议中，麦克阿瑟将军拿出烟斗，装上烟丝，把烟斗叼在嘴里，取出火柴。当他准备划火柴时才停下来，对杜鲁门总统说："我抽烟，你不会介意吧？"

杜鲁门总统看了麦克阿瑟将军一眼，一耸肩，微笑道："抽吧，将军。别人喷到我脸上的烟雾，要比任何一个美国人脸上的烟雾都多。"

杜鲁门总统在这里借助自嘲摆脱了窘境。他知道，麦克阿瑟将军在已经做好抽烟准备的情况下才征求自己的意见，显然并非真心实意。

但对麦克阿瑟将军这种缺少礼貌的傲慢言行，杜鲁门却并没有以牙还牙，而是运用自嘲的办法，开了一个小小的玩笑，既委婉地说明了对方抽烟对他人造成的不快，又表现了自己的大度胸襟，从而在难堪的窘境中以自我排解的方式保护了自己的尊严，掌握了交往的主动权。

自嘲诡辩术的巧用，既可以使自己在论辩中平添风采，又能使论辩在幽默、风趣、令人愉悦的情况下，取得令人满意的结果。

作家山姆由于写作太累，在一次开会时睡着了。渐渐地，他的鼾声大震，逗得与会者哈哈大笑。他醒来发觉众人在笑自己，一位同仁说："你的'呼噜'打得太有水平了。"

机智的山姆立即接茬说："这可是我的家传秘方，我的高水平还没有发挥出来呢！"这样，他在大家的一片哄笑中解了围。

我们需要注意，自我嘲弄虽有它独特的效果，但也要审时度势，注意使用的场合。否则，这种独特效果也是不能充分表现出来的。

转换角度去思考

在论辩中，诡辩者有时会站在对方的角度来提出反驳，这种方法叫易位诡辩术。

春秋时，楚国攻打宋国睢阳，宋国向晋国求救。

晋君派大夫解扬去宋国传达命令，说晋军已经出发，让宋人坚守城池，等待救援。

但解扬在路上被楚人捕获了，楚王威逼解扬对宋人假称晋国不会派兵救宋，解扬假意地答应了。

可当他登上楼车后却喊道：“我是晋大夫解扬，不幸为楚国所俘，他们威逼我劝诱你们投降。我假意答应，好借机会传达命令，我家主公亲率大军来救，很快就会到了。”

楚王大怒，认为他不守信用，喝令将解扬推出去斩首。

解扬面无惧色，理直气壮地答道：“我根本没有失信，我作为一个晋臣，如果取信于楚王，必然会失信于晋君。假如楚国有一位大臣公然背叛自己的主子，取悦于他人，你说这是守信用还是不守信用呢？好了，没什么可说了，我愿意立刻就死，以此来说明楚国对外讲信用，对内则无信用可言。”

楚王听后怒气骤消，感慨地说：“解扬真是个忠臣！”于是赦免了他。

解扬采用的就是易位诡辩术，即把他与楚臣对换——如果楚国的大臣遇到楚王要求自己做的那样，背主而媚外，那么谁会认为这是讲信用呢？这样进行角色对换，楚王反由恼怒转变为敬佩了。

这种易位诡辩术除了将人物角色进行互换，也可以根据需要换事或换物，以达到反驳对手的目的。

早年在柏林当编辑的德国著名作家冯塔纳，有一次收到某作者寄来的几首无标点的诗，附言中写道："我对标点向来是不在乎的，请你自己填吧！"

冯塔纳很快将稿退回并附言道："我对诗向来是不在乎的，下次请你只寄些标点来，诗由我填写好了！"

这里，冯塔纳对作者采取的就是换物反驳法。冯塔纳对其不在乎标点而只在乎诗（言外之意）的轻率态度很是不满，机灵地将"标点"和"诗"的位置互换了一下，以"回敬"对方，令对方哭笑不得。

一连串的反问

诡辩者在论辩中巧妙地运用反诘来驳论，使对方猝不及防，入彀就范，这便是反诘诡辩术的妙用。

甲、乙二僧向来有隙，甲僧心胸狭窄，总想寻衅攻击乙僧，却又苦苦找不到借口。

后来，甲僧从乙僧的小徒弟身上寻找机会，他向寺庙方丈诬告说："今天在大雄宝殿念经礼拜时，乙僧的小徒弟竟然跪在最后一排做着鬼脸，亵渎佛祖。"

方丈听后勃然大怒，准备在次日做佛事后当众惩处小徒弟。

小徒弟闻知后，哭哭啼啼地赶忙向乙僧求助。乙僧小声对小徒弟说了一句话后，小徒弟转悲为喜。翌日，方丈在佛事完毕后叫出小徒弟，责问此事。

小徒弟说："我在后排做鬼脸，谁看见了？"

甲僧忽地冲出来，瞪眼道："我亲眼看见了，你还想抵赖？"

小徒弟反问道："请问师伯当时跪于何处？"

甲僧说："大家都知道，我在前排。"

小徒弟反问道："你不回头看，怎知我做鬼脸？"

甲僧脸上顿时表现出愧赧的神情，感到无地自容。

小徒弟主动反问，让甲僧自己在众人面前承认自己在前排却看见后排小徒弟在做鬼脸，然后反诘质问："你不回头看，怎知我做鬼脸？"甲僧于是哑口无言。

反诘诡辩术从形式上看，有直接反诘诡辩术与间接反诘诡辩术之分。

运用直接反诘诡辩术的核心正是针对对方所论及的事或理，直截了当地发出反诘。

而间接反诘诡辩术则是针对对方所论及的事和理，迂回曲折地提出反诘。

有位崔姓相公看见小雀在寺庙的佛像头上拉排泄物，就故意问这个寺庙里的大师，说："这些鸟雀有佛性吗？"

"有佛性。"大师根据佛学的基本原则，做出了肯定的回答。

于是这位崔相公紧紧抓住这一点继续问："既然这些鸟雀有佛性，为什么还在佛像上拉排泄物呢？"这个问题提得极其尖锐，很难回答。

哪知，这位大师却镇定自若地反诘道："你说它们为何不在鹞子头上拉排泄物呢？"

崔相公使用了直接反诘诡辩术，而大师则使用间接反诘诡辩术，言简意赅，避免了许多无谓的争辩。

富有哲理的辩证推理

在论辩中，诡辩者应用辩证的推理来论证己方观点，反驳对方观点的一种诡辩技巧，叫辩证诡辩术。

鲁国的国相公仪休非常爱吃鱼，人们知道了他的这一嗜好后，便争先恐后地买鱼送给他。而公仪休一概不收，都退了回去。

公仪休的门客见状，都非常奇怪，问道："你这么爱吃鱼，怎么别人送你鱼，你却一条鱼也不要啊？"公仪休回答道："正因为我爱吃鱼，我才不收别人的鱼。有言道，'拿人家的手短，吃人家的嘴软'，如果我收人家的鱼，就无法公正地执行国家的法令；而无法公正地执行国家的法令，就无法保住自己的相位；无法保住自己的相位，到时别人也就不再送鱼给我，我自己又无法得到鱼，那样即使我想吃鱼也吃不到鱼了。如果我不收人家的鱼，那么我可以保住自己的相位，保住了自己的相位，我反而可以一直吃到鱼。"

公仪休的拒鱼、吃鱼的论辩就使用了辩证诡辩术。他以喜欢吃鱼为前提，却得到拒鱼的论断，这就鲜明地揭示出这些概念之间矛盾运动的过程。

《孤女》叙写了一个小姑娘卡佳被生母抛弃而进入儿童之家，

之后又被善良的某位太太收作养女的故事。而女孩重新获得的母爱，也使她得到极大幸福感和自豪感。

有一日，班里的一位同学成绩下降后，卡佳批评了他，但他不肯认错，反而讥笑卡佳是养女，不配批评别人。

“你的说法是错的！”卡佳说，“你们也有妈妈，可你们的妈妈得到你们时却不能选择，也不能再将你们退回去。但我的妈妈却在儿童之家那么多的孩子中选择了我。”

卡佳的聪明在于她运用辩证诡辩技巧，反证养母胜于生母——因为养母有选择的权利。

运用辩证诡辩术，能使人们的论辩语言富有深邃的哲理性，增添一定的理性色彩。如果想要使自己的论辩内容深刻有力，我们就必须掌握这种诡辩术。

借助权威事半功倍

当论证或反驳某个观点时，不是从这个观点本身出发，以事实材料做论据，加以推理和判断，而是靠引用书本或引用享有一定威望人物的“大名”来代替对论题本身的论证，从而得出结论的诡辩技巧，称作权威效应诡辩术。

充分利用人们对权威的信赖和崇拜感，是运用权威效应诡辩术来实现目的的基础。

古时候，有个老人牵了一匹骏马到集市上去卖，接连几个早晨，连一个问价的都没有。

于是，此人眉头一皱，心生一计。他想，这里有个叫伯乐的是相马专家，何不请他来帮忙想个主意，这样马肯定会很快卖掉的。

伯乐答应了那个老人的请求。他赶到集市上，盯着这匹马看了两眼，又在马脖子上拍了两下，走的时候还回头又看了一眼。购买者以为这匹马得到了伯乐的青睐，定是好马，于是纷纷抢购，那匹骏马的价格一下子抬高了十倍还多。

这便是权威效应。伯乐是相马高手，这门学问他具有权威性，由此获得了普通人对他的信赖。人们对专家权威都存有倾向心理，只要专家对某一种事物做出评价，一般人就会相信。

现代广告业随着市场经济的蓬勃发展而飞速兴起，它依托电、光、声、像等现代媒介渗入千家万户。

很多厂家利用明星的名气诱使大家购买商品，也有些广告公司为推销自己的产品而巧妙利用权威。

在中华人民共和国成立以前，广东有两家大酒庄——“永利威”和“陈太吉”。它们都以双蒸米酒和肉冰烧酒而远近闻名，相互之间的竞争也十分激烈。

为了加强宣传攻势，“永利威”酒庄不惜以重金邀请当时在上海颇有名气的电影女明星为其做广告宣传，把广告词制成留声机唱片广为传唱，其中粤曲《西皮》一段“半边鸡、一壶永利威”唱得家喻户晓，因此收到了意想不到的宣传效果。

话不能说太绝

一位文质彬彬的教师竟然杀死自己的岳母和妻子——这起凶杀案发生在 1972 年 2 月 16 日的日本爱知县，起因仅仅是那位教师的岳母大人一时出言不逊。

事情是这样的：

那位岳母有一天对女婿说：“你这个地地道道的蠢货，不但养不活妻儿，竟然还四处借款，我女儿嫁给你这种人，算是倒了八辈子霉，哪天请个中介把房子卖掉，你就滚回老家去打光棍吧！”

这位教师常年受岳母的训斥，平常在家里也经常受妻子的冷眼，加之数天前他又从他人那里得知妻子正在与外人鬼混，心情更是压抑。此时被岳母的一番牢骚燃起了怒火，瞬间便萌生了杀心。

一旦不满的情绪被挑起，理智者往往会采取其他方式，尽量压抑怒气，比如保持沉默、转移注意力、借酒浇愁、找知己倾诉等。倘若对方是个缺乏自制力的人，在你做出反击的动作后，他的不满情绪便会像山洪一样暴发，那就会走向极端，发生一些意料不到的事情。

当对方不满的情感无法被别人操纵或得到缓解时，他可能会以攻击作为发泄的方式，这股凝聚的怨气所产生的破坏力是不容低估的，这也是那位教师杀人的主要原因。

高明的说话大师能自如地掌握这种技巧，演说家、谈判专家以及优秀的外交家大多能熟练掌握语言的分寸，即使不小心激怒对手，还能将话锋一转，以嫁祸他人或用幽默的话语等方式将对方的愤怒消除，避免造成不可收拾的局面。

俗话说："话不能说得太绝。山不转水转，山水总相逢。"这里所谓的"太绝"，就是太绝对。太绝对的语言习惯通常会给自己带来麻烦，同时又让对方无法接受。

想更有效地操纵别人的感情和思维而故意让对方生气或高兴，那这种说话术就非常容易奏效，但是言辞不要太过于激烈，否则会适得其反。

准确分析，推测未来

以发展观点立论，将思维引向未来，把对未来的预见展示出来，从而针锋相对地反驳对方的观点，就是展示未来诡辩术。

1683年除夕，法拉第为了证实“磁能产生电”，在大厅里对着许多宾客进行展示。只见他转动摇柄，铜盘在两磁极间不停地旋转，电流表指针渐渐偏离零位，客人们赞不绝口，只有一位贵妇人不以为然，取笑法拉第说：“先生，这玩意儿有什么用呢？”

“夫人，新生的婴儿又有什么用呢？”法拉第把手放在胸前，欠身回答。

人群中爆发出一阵喝彩声。

法拉第使用的正是展示未来诡辩术。他不是针对电的现状来论辩，而是把它引申向未来。暗示电就像婴儿一样，现在看不出有什么用处，但它的未来却有着强大的生命力。而现在，他的预言已完全被科学证实。

未来之所以可以预测，是因为事物的发展是有规律的。在一定条件下，事物有朝着一定方向发展的趋势，只要对事物各方面的矛盾因素做出准确的分析，就可以对未来进行推测，并以此为根据进行论辩。

春秋末年，晋国的赵简子有一次乘车上山游猎。他的车子艰难地在崎岖的羊肠小道上行驶，众臣都使劲地推车，只有一个叫虎舍的大臣，不但不推车，还边走路边哼歌。赵简子坐在车上很不高兴，说："我上羊肠小道时，群臣都来推车，唯独你边走边唱不出力，这是你做臣子的欺侮君主啊！臣欺君，该当何罪？"

"臣欺君，罪该死而又死。"虎舍说。

"什么叫'死而又死'？"赵简子问。

"自己死了，妻子也死了，这叫死而又死。"说到这，虎舍话锋一转，对赵简子说，"现在你已知道为臣欺主是有罪的，那你是否也想知道做君主的，轻慢臣下应受什么罪呢？"

"君主轻慢臣下，又怎么样？"

"做君主的欺侮怠慢臣下，时间长了，就必会出现如此局面：智者不出谋划策，人无远虑，必有近忧，就会导致国家衰亡；能言善辩者不去做使臣，天涯咫尺，难通有无，就不能与邻国修好；能征惯战者不愿奋勇杀敌，将颓兵衰，边境就易受侵犯。君主倘若怠慢臣下，内政、外交与国防都无人出力，颓败之势就会形成，那时就真的要走向灭亡了。"

虎舍的这席话，惊得赵简子通身冒汗。他如梦初醒般地说："好，说得好！"急忙下令不再叫群臣推车上山，反而摆酒设宴，与群臣会饮。

精明的虎舍通过对未来的必然趋势做出了科学的预测，将赵简子说得浑身冒汗，幡然悔悟，实乃高瞻远瞩，这也显示出展示未来诡辩术的强大威力。

借“刀”杀人的妙用

由于借“刀”杀人这种表达术有时比起正面直接揭穿对方更为有力，所以在日常生活中经常被采用。

从前有位贪婪成性的大财主，每次吩咐别人办事时都想从别人身上占点便宜。

有一回，大财主派一名长工去买酒，但又不给他酒钱，想要他自己掏钱来买酒。长工感到奇怪，便问：“老爷，没有钱怎么能买到酒呢？”

财主生气地说：“花钱买酒谁不会！要是你能不用钱就买回酒，那才是有本事呢！”

这位长工本来就机智过人，深知财主的心眼小，便一言不发地拿着酒瓶出去了。

不一会儿，长工就拿着空瓶归来，走到财主身边说：“老爷，酒买来了，你慢慢喝吧！”

财主接过酒瓶一看，里面什么都没有，大发雷霆道：“岂有此理，你是怎么给我买酒的？酒瓶是空的，你叫我喝什么？我要扣你半年的工钱！”

长工慢悠悠地说：“老爷，酒瓶里有酒谁不会喝呀？您如果能够在空瓶里喝出酒来，那才叫真有本事呢！”财主气得直翻白眼，一句话都讲不出来。

本故事中，长工先是承认了财主的观点是对的，然后借用此理引出一件更荒唐的事来对付财主，所以财主也只得让长工数落一通，吃亏了事。

我们有时会被一些突如其来的质问憋得说不出话，这时应该先说一些与此问题无关的话题，这样一来可以缓解我们的紧张，二来也有了充足的时间去设想应付的方法。如果这样仍无法解除困境，不妨照着对方口气提出反问，使对方猝不及防。

譬如在面试时，主考官突然问：“你经常在家打游戏吗？”

在此种情形下，面试者无法不回答主考官，但面试者又不知道对方问这句话的目的是属于面试的范围还是一句题外话，担心说错了，会留下坏印象。

这时，最好的办法是抓住对方的问题反问说：“请问，这个问题与我将要担任的职位有关系吗？”

这么一来，主考官不回答也不行，如果说和职位无关，那随便说也无妨；如果说和职位有关，那么也可以选择性回答。如此，主考官会认为该面试者的原则性很强，而且他还会感觉面试者随机应变的能力不错，是一个有用的人才。一旦主考官对面试者有如此看法，那离面试者赢得该工作自然就不远了。

从对方的立场出发

猴子和人类不仅在外观上有相似之处，在行为上也有一定程度的相似性。这在达尔文的《物种起源》一书中就有论述。而就是这点“相似之处”，使我们也可以对猴子使用“攻心”策略。

曾有位游客去森林游玩，结果不小心坠入悬崖，所幸他在坠落过程中被一些藤蔓牵绊减弱了下降的速度，所以他落地后只受了些轻伤。

由于这片森林很大，他走了整整一天还是无法走出去。更糟糕的是，他开始感到饥饿，但在这片郁郁林海中，除了树上有些野果，再也找不到可以充饥的食物。偏偏这位游客身上有伤，再加上森林里常年阴湿，树干上长满苔藓，无法爬上去。

正当他感到绝望时，许多猴子出现在他身边。他走路的时候，猴子就跟着他走路；他举起手，猴子也跟着他举手；连他大声地呵斥时，猴子也马上模仿，嘴里吱吱地乱叫。

游客发现猴子喜欢模仿人的举动，灵机一动，就折了一根树枝，将猴子全都赶上树梢，那些猴子在树枝上荡来荡去，也不断学着他的姿势。

然后，游客从地上拾起一些土块，向猴子掷去。那些猴子见状，以为游客是和他们在玩，也纷纷摘下野果向游客掷去。

不一会儿工夫，野果就散落一地，最终靠着这些野果充饥，游客安全地走出了这片森林。

学会换位思考，懂得站在对方的立场去发现他的需求，借此再去说服对方，这才是最省成本的“攻心”策略。

事实上，当某个人一开始对你的请求说“不”的时候，通常都没有加入感情因素，只是基于一些他不方便启齿的现实考虑而决定的。如果你不懂这个道理，只是想正面说服对方，往往是白费心机。

有个电视栏目组想拍摄一部以幼儿生活为题材的短片，他们选定电视台附近的一家幼儿园进行洽谈，但在登门拜访时，却遭到一位太太的拒绝。

电视栏目组的主持人有一定的说话技巧，他认真地设想对方拒绝的真正原因，然后他把自己假设成那位太太，立刻就知道了对方担心的原因。

他再度登门，对那位太太说：“我能保证以下三点，希望您能考虑一下。第一，我们拍摄结束后会留下一份所拍的影片拷贝文件，送给你们保存。第二，我们愿意在拍摄成功后赠给你们几盒影带，这些影片可作为你们的参考材料。第三，我们下次来时，一定会提前一个月通知您，并在取材与企业策划案上征询一下您的意见。”

结果，那位太太很快就答应了他们的请求。

实际上，很多争执是缘于双方各执一词，不肯互相为对方着想。如果大家都能从对方的立场出发，考虑对方的情感因素和实际困难，就能轻易地解决问题。

不同问法的不同效用

在辩论会上，论辩双方为了达到各自的目的，常常通过对方关于问题的答复，探测对方的真意，隐蔽自己的企图，把握讨论的方向，使论辩能朝着有利于自己的方向发展，这种诡辩技巧叫设问诡辩术。

设问诡辩术的运用，很能体现一个人的应变能力和控制能力，是一种高水平的问答技巧。其主要包括以下几种设问形式。

一、诱导式发问

罗斯福在海军任职时，有位朋友曾向他打听海军在加勒比海一个小岛上建立潜艇基地的计划。

罗斯福向四周机警地看了看，压低声音问：“你能保密吗？”

朋友答：“当然能。”

罗斯福微笑着说：“我也能。”

罗斯福用了“诱导式”的问话：“你能保密吗？”这决定了对方必定答“能”，不仅使他坚持了不泄密的原则，又不使朋友处于尴尬的境地。

二、委婉式发问

在人们交际过程中，在不便直问的某些特殊情况下，就需要采取迂回方式来提出问题。例如：一个小伙子想了解某姑娘对自己是否有好感，可不好意思直截了当地提出来，便试探性地发出邀请说“我可以陪你走走吗？”或“今晚有场歌舞，你有时间看吗？”

对方如果不愿意和他交往，会客气地婉言谢绝：“谢谢，今天我还有点急事。”

这样，双方都不至于难堪，而小伙子也探到了对方的心意。

三、提醒式发问

对一些健忘的人或无意间发生疏忽的人，在适当时机就某件事用提醒式发问，能起到暗示作用。

比如，有时自己的什么东西不知丢到哪里去了，若直接问人，显得冒昧，而且会影响关系，这时不妨这样问：“你没借我的 ×× 吧？”“你没见一件 ×× 吧？”表面上说的是“没有”，实际上是问“有没有”。

这种谨慎而有分寸的问法，在交谈中显得很得体，既不易引起对方的反感，又达到了自己的目的。

四、变通式发问

提问时应根据情况，改变或调整语序，往往能收到意外的效果。

一个教士问他的上司："我在祈祷的时候，可以抽烟吗？"这个请求遭到了拒绝。

同样一个问题，另一教士把语序变了一下去问这个上司："我在抽烟的时候，可以祈祷吗？"抽烟的请求居然得到了允许。

再如，有家饭店，经营效益不佳。他们的服务员常问顾客："要啤酒吗？"后来他们研究了商业心理学，改变了问话方法，服务员见到顾客说的是："你要几升啤酒？"于是，销售额大增。

总之，善于变通问法，会收到良好的效果。不同的问话词语，会有不同的效果。当然设问形式还有很多，需要根据情况开动脑筋，自己去创造。

第二章

谈判时的
技巧与方法

谈判中的谈吐，应该表现为说话语气亲切，语调柔和，语言含蓄委婉，说理自然。这种柔言谈吐，易使谈判对手感到亲切、愉悦，所谈之言易于入耳，具有较强的征服力，往往能达到以柔克刚的谈判效果。

运用谈判语言的基本准则

谈判语言和一般的语言有着明显的区别。谈判是双方意见、观点的交流过程，谈判者既要清晰明了地表达自己的观点，又要认真倾听对方的观点，然后找出突破口，达到说服对方的目的，争取双方达成一致意见。要想掌握、运用好谈判语言，首先应该了解谈判语言运用的基本准则。

一、准确性

谈判的动力是需要和利益，谈判双方通过谈判让对方理解、接受己方的观点，最终使双方在需要和利益方面协调和适应。所以这是关系到各方利益的重要活动，语言表述上的准确性就显得至关重要。谈判双方必须准确地把己方的立场、观点和要求传达给对方，帮助对方了解自己的态度。如果谈判者传递的信息不准确，那么对方就不能正确理解你的态度，势必影响谈判双方的沟通和交流，使谈判朝着不利的方向转化。如果谈判者向对方传递了错误的信息，而对方又将错就错，那么，可能会招致巨大的利益损失。

二、针对性

谈判无所不在，而由于性别、年龄、文化程度、职业、性格、兴趣等方面存在差异，谈判对象也各有不同。要取得谈判的成功，谈判者就必须遵循针对性原则，针对不同的谈判对象，采取不同的谈话策略。男性运用语言理性成分较多，喜欢理性的思维表达方式，而女性则偏重于情感的抒发；性格直爽的人说话喜欢直截了当，对他们旁敲侧击很难发生效用；性格内向又比较敏感的人谈话时喜欢琢磨对方的弦外之音，甚至会品出些话里没有的意思来。

如果在谈判中无视个人差异，想怎么说就怎么说，势必难以取得良好的效果，进而影响谈判的顺利进行。除了个人差异，谈判双方还要注意老幼尊卑、关系亲疏等各种关系的差异。谈判双方在谈判中还要考虑各种差异对语言应用的影响。

跨国谈判更要注意语言的针对性，不同文化背景的人，对语言的理解往往不同。所以，在谈判时必须考虑对方的接受能力。

三、灵活性

谈判过程中谈判双方在当面沟通中往往唇枪舌剑般地交流，根本没有斟酌语言的时间。而且谈判进程常常变幻无常，尽管谈判双方在事先都做了最大努力的准备，制定了一套完整的对策。但是，因为谈判对手说的话谁也不能事先预知，所以任何一方都不可能事先设计好谈判中的每句话，具体的应对技巧仍需谈判者随机应变。

谈判双方除了要仔细倾听对方的话，从话中分析、反馈情况，还要善于察言观色，从对方的眼神、姿态、动作、表情等多个方面来揣测对方对所表达内容的感受，考察对方是否对正在进行的话题感兴趣，是否正确理解了得到的信息，是否能够接受己方传递的信息。然后，谈判双方要根据考察的结果，及时、灵活地进行调整、转移或继续话题，重新设定说话内容和说话方式，甚至是终止谈判。如果谈判中发生了意料之外的变化，切不可拘泥于既定的对策，应该从实际出发，在实现谈判目的的范围内有所变通，以适应对方的反应。

四、适应性

俗话说“到什么山上唱什么歌”，说话一定要适应特定的语言环境。所谓语言环境主要包括语言活动进行的时间、场合和地点等因素，也包括说话时的前言后语。语言环境是语言表达和领会的重要背景因素，它影响并制约着语言表达的效果。掌握谈判的语言艺术就一定要重视语言环境因素，如果谈判时不看场合，想说什么就说什么，不仅语言不能发挥效果，甚至还会产生副作用。因而要采用与环境最为契合的表达方式。如果发现环境根本就不适合谈判，就要及时更换环境或者改变谈判计划，甚至中止谈判，以免谈判失败。

谦虚和礼貌有利于谈判的顺利进行

谈判的成功，应该是双方达成协议，互利互惠，而不是一方独得胜利，置对方于死地。因此，谈判的双方不管力量怎样悬殊，强弱如何不均，也必须互相尊重。融洽友好的气氛是谈判得以顺利进行的重要条件。因此，谈判者必须使自己的语言表达文明礼貌，分寸得当，使谈判双方始终处于一种友善的气氛中。

相反，若是在谈判桌上趾高气扬，咄咄逼人，就很容易引起对方的反感，使其筑起防范的城墙，从而导致己方陷入被动的局面。谈判时要记住：谦虚往往比逞强更能获得人们的认可，细声细语有时比伶牙俐齿更易取得谈判成功。

有言道，“大丈夫隐藏在自己的舌头后面”，“一句话能把人说笑，也能把人说跳”。一般情况下，能把人说“笑”的语言，通常是柔和的；能把人说“跳”的语言，是不美的；能把“跳”的人说“笑”，是比较难的。

谈判中的柔言谈吐，表现为说话语气亲切，语调柔和，语言含蓄委婉，说理自然。这种柔言谈吐，易使对方感到亲切、愉悦，具有较强的说服力，往往能达到以柔克刚的谈判效果。

谦虚不仅是人的美德，从某种意义上说，谦虚还能使谈判氛围更好。尤其在谈判双方地域不同、文化背景各异的情况下，更应该谦虚。谈判中偶尔说一说“我不明白”“我不太清楚”“我没有理解您的意思”“请再说一遍”之类的语言，会使对方觉得你富有人情味，从而愿意与你合作。

有位商店老板，在面试应聘者汤姆时，准备聘请汤姆。在面试临近结束的时候，老板表示对他很满意，并告诉汤姆可能将于今后几天内与汤姆会面，汤姆却说：“难道现在你不能告诉我，我是否能得到这份工作吗？因为过几天我就要外出旅游去了。”

老板说：“你不是告诉我，一得到通知就马上开始工作吗？”

汤姆说：“你最好别指望我能坐下来等你的电话。”

老板说：“好吧，那我只能说，如果我们需要你，就会与你联系的。”然而，这位老板最终没有给汤姆打电话，这是汤姆缺乏礼貌的必然结果。

谈判中，要注意使用礼貌语言，如您好、请、谢谢、对不起、打搅了、欢迎光临、请指教、久仰大名、失陪了、请多包涵、望赐教、请发表高见、承蒙关照、拜托您了等。

谈判的礼貌用语里，“谢谢”两个字是使用得最频繁的，也是最重要的，它是沟通谈判双方心灵的桥梁。对方赞扬你的时候，你应该说一声“过奖了，谢谢”或者“谢谢您的夸奖”。如果对方向你道谢，你应该说“不客气”或者“我很高兴帮您的忙”。

向别人说“谢谢”，口语要自然清晰，还要注意选择适当的机会。如果能在说“谢谢”时伴以真挚的目光和微笑，那么在对方心里引起的反响会更加强烈。谈判中会说“谢谢”，是一种智慧，运用得当的话会对你的谈判很有帮助。

同样的意思，可以有不同的表达方式。只要你平时注意积累、训练，那么，无论是日常生活的语言，还是文学、理论及艺术方面的语言，都可以在实践中逐步丰富起来并达到熟练掌握的程度。语言的艺术取决于思想的内涵深度、语言的丰富程度、驾驭语言的能力和发现各种事物典型特征的观察力。

学会谦虚和礼貌地表达，就可以使你在谈判桌上既谈吐文雅，又能获得想要的结果。

和颜悦色不仅是态度

关于谈判之道，一位专家曾这样说：“一个老谋深算的人应该不会对任何人说威胁之词，不发辱骂之言，因为这二者都不能削弱敌手的力量。相反，威胁会使他们更加谨慎，使谈判变得更艰难；辱骂则会增加他们的怨恨，并会使他们耿耿于怀，以言辞伤害你。”

谈判不同于决一胜负的棋赛。如果纯粹以一决雌雄的态度展开谈判，谈判者势必就要竭力地压倒对方，以达到自己单方面期望的目标。但这样的话，即使你再善于巧言令色，也会有一败涂地的风险。因为人们谈判的动力是“需要”，双方各自的需要和双方对需要的满足是谈判的共同基础，对于共同利益的追求是达成一致的巨大动力。因此，成功的谈判，每一方都应该是胜者。

一般说来，谈判可分为合作性谈判和竞争性谈判两大类型。要想获得成功不管是哪种类型的谈判，谈判双方都必须和颜悦色，以营造融洽气氛，建立相互信任的人际关系。常用的方法有以下几种。

一、以“和”为贵

有位美国人到曼哈顿出差，想在报摊上买份报纸，发现未带零钱，只好递过 10 美元整钞对报贩说：“找钱吧！”谁知报贩很不高兴地回答道：“先生，我可不是在上下班时替人找零钱的。”

这时，等在马路对面的一个人想换种说话方式去碰碰运气。他过来对报贩说：“先生，对不起，不知你是否愿意帮助我解决这个困难，我是从外地来的，想买份这儿的报纸，但只有一张 10 美元的钞票，该怎么办？”结果，报贩毫不犹豫地把一份报纸递给了他，并且友好地说：“拿去吧，等有了零钱再给我。”后者买报的成功在于礼貌待人、和言暖心，满足了对方“获得尊重的需要”，最终获得了对方的帮助。

在谈判中，即使受了对方不礼貌的对待和过激言辞的刺激，也应保持头脑冷静，尽量以柔和的态度和礼貌的语言表述清楚自己的意见，不仅语调要温和，而且遣词造句都应符合谈判场合的需要。尽量避免使用一些极端用语，诸如：“行不行？不行就算了。”“就这样定了，否则拉倒！”这些话会激怒对方，而把谈判引向失败。

二、适时变换称呼

在谈判过程中，即使你的意见是正确的，也不要动辄对对方的行为和动机妄加评判，因为如果谈判失误，将会造成对立局面而难以合作。这种方法的诀窍是：将“你”换成“我”，将评判的口吻改成自我感受的口吻。

但在一般的场合又应尽量避免使用以“我”为中心的提示语，诸如“我认为……”“依我看……”“我的看法是……”“我早就这么认为……”等，上述每一句开头的“我”都可改为礼貌用语“您”。

三、多用肯定语气

首先，在谈判中不同意对方的观点时，不要直接用“不”这个具有强烈对抗色彩的字眼。即使对方态度粗暴，也应和颜悦色地用肯定的句型来表述否定的意思。比如，当对方情绪激动、措辞逆耳时，不要指责说：“你这样发火是没有道理的。”而应换之以肯定句说：“我完全理解你的感受。”这样说既婉转地暗示“我并不赞成你这么做”，又使对方听了十分悦耳，从而对你产生好感。

其次，当谈判陷入僵局时，也不要使用否定对方的任何字眼，而要不失风度地说：“在目前情况下，我们最多也只能做到这一步了。”

最后，有时为了不冒犯对方，可适当运用“转折”技巧，即先予肯定、宽慰，再转折、委婉地否定并阐明自己的难处。如“是呀，但是……”“我理解你的处境，但是……”“我完全懂得你的意思，也完全赞成你的意见，但是……”，这种貌似承诺，实则什么也没接受的语言表达方式，体现了“将心比心”这一古老的心理战术。它表示了对于对方的同情和理解，而赢得的却是“但是”以后所包含的内容。

谈判前的寒暄不可少

寒暄又叫打招呼，是人与人建立语言交流的方法之一。它能使素不相识的两个人开始交流，使单调的气氛活跃起来，为双方进一步攀谈架设沟通的桥梁。谈判前的寒暄，有时是不可缺少的。

它可以消除内心的忐忑不安，平息自己的情绪，使谈判气氛变得轻松、活泼，为谈判成功奠定一个良好的基础。

一、以题外话寒暄

你可以谈谈关于天气的话题。如：“今天的天气真冷。”“今年的气候很怪，都十一月了，天气还这么暖和。”“还是生活在南方好啊，一年到头，温度都这么适宜。”

你可以谈有关旅游的话题。如：“广西桂林真是山水甲天下，各位去过没有？”“我国的兵马俑堪称世界一绝，没有去看那是一大遗憾。”“各位这次经过泰山，有没有去玩玩，印象如何？”

你可以谈有关衣食住行的话题。如：“这里的饭菜，各位吃得惯吗？”“这几天天气很冷，要注意多加点衣服，感冒了可就麻烦了。”“这里飞机票一向不好买，各位哪天走，最好提前几天买票。”

你可以谈有关名人的话题，比如：“听说某影星要出任某电影的主角，这真是再恰当不过的人选了，很可能要拿‘××奖’什么的。”“××告别体坛了，他这么年轻就退役，实在可惜。”

题外话内容十分丰富，可以说是信手拈来，不用花很多力气。在沟通时根据谈判的时间和地点，以及双方谈判人员的具体情况来自由选择，会显得亲切自然。

二、以“自谦”寒暄

如对方来到己方所在地做客，应该谦虚地表示各方面照顾不周，没有尽好地主之谊，请对方谅解，等等。也可以由主人介绍一下自己的经历，说明自己缺乏谈判经验，希望各位多多指教，希望通过这次谈判建立友谊，等等。

三、以“自炫”寒暄

在谈判前，简要介绍一下己方人员的基本信息及优点等，由此打开话题，既可以缓解紧张的情绪，又不露锋芒地显示了己方强大的阵容，使对方不敢轻举妄动，暗中施加心理压力。

谈判前高水平的寒暄不仅是双方沟通的渠道，还能为之后谈判的顺利进行创造良好的气氛和条件。

巧于言辞的谈判谋略

出色的谈判大师总是工于心计，巧于言辞，在谈判桌上运用自己的口才和智慧与谈判对手展开智慧谋略的较量。巧于言辞的谈判谋略主要有以下几种。

一、虚拟假设

所谓虚拟假设，首先是跟对方分析利害关系，迫使对方选择让步。

虚拟假设的另一作用是诱使对方进入自己的圈套，使自己如愿以偿。美国谈判大师科恩有一次飞往墨西哥城主持一个谈判研讨会。抵达目的地时，旅馆告之“客满”。此时，科恩施展了他的看家本领，找到了旅馆经理问：“如果墨西哥总统来了怎么办？你们是否要给他一个房间？”经理回答：“是的，先生。”科恩接着说：“好吧，他没有来，所以，我住他那间。”结果他顺利地住进了总统套房。

二、转换话题

如果想避开于己方不利的话题，将问题引向对己方有利的方面，这时就需要转换话题这一技巧了。

在谈判时，应把建议的重点放在对己方有利的问题上，不要直接回答对己方不利的问题，迫不得已时，宁可绕着弯子解释或提出新问题。如在一次军事谈判中，双方对撤军时限争执不下，对方提出：“我们是否再深入讨论一下撤军的期限问题呢？”如果我方千方百计延缓撤军时间的话，则可“顾左右而言他”，或者说：“我们双方在撤军的条件上已基本达成一致了，能否再谈谈撤军的路线呢？”如果转换话题仍不能打破僵局，则可建议暂时休会，让大家放松一下。这样，可取得使双方冷静思考的积极效果。

三、用语灵活

所谓“看人说话，量体裁衣”，灵活地运用语言是谈判口才智巧性的表现。

当对方用语朴实无华时，己方说话也无需过多修饰；对方说话爽直、干脆，己方就不要迂回曲折，含义晦涩。总之，为适应对方的学识、气度、修养而随时调整己方的说话语气和用词，是最具效益的思想沟通方法。

同样的意思可以用不同的语气或词汇来表达。直陈的语气可以表示强硬的立场和对立的态度。例如，“你的看法完全错误”，这句话显得生硬而武断。同样的意思若用委婉的语气或词汇来表达则可显示灵活的立场、合作的态度。如“你的看法值得商榷”，这种表述方式会使对方易于接受，又给己方留有余地，是用语弹性的又一体现。

四、话留余地

在谈判中，有些话要尽量避免说死，使说话具有一定的弹性，以便给自己留下进退自如的余地。切记不能说“满口话”，否则很容易使自己处于被动的地位。

运用模糊语言是谈判中留有余地的重要手段。模糊语言灵活性高，适应性也强。谈判中对某些复杂的论点或意料之外的事情，不可能一下子做出准确的判断，这时就可以运用模糊语言来避其锋芒，争取时间做必要的研究或制定对策。面对某些很难一下子做出回答的问题时，可以说：“我们将尽快给你们答复。”“我们再考虑一下。”“最近几天给你们回音。”这里的

“尽快”“一下”“最近几天”都颇具灵活性，给己方留有余地，可使自己避免盲目地做出反应而陷入被动局面。

在商品经济日益发展的今天，企业在产品销售、原料购置过程中的相互竞争已是司空见惯。一个企业必然会面临选择合作对象的问题。在这整个过程中，谈判又有了“探测器”的功用，此时说话留有余地就显得更重要，它可使企业进退自如，获取更大的利益。

某服装公司新设计的冬装款式新颖别致，一上市就十分抢手，因此准备购进一大批原料大批生产。消息不胫而走，很快就有本市和外地的几家毛纺厂的推销员来厂洽谈生意。该公司也有意先派出采购科的工作人员与之接触。在洽谈过程中，他们先了解各厂的情况，暂时不定案，而以“贵方的意思我一定转告公司上级，只要品质可靠、价格合理，我想是会被考虑的”之类的话来作答。通过洽谈，在摸清情况、反复权衡的基础上确定了其中的一家，原料质高价廉，仅此一项就让公司获利不小。

在商业谈判中，为使自己进退自如，还常采用“卖方叫价提得高些，买方出价有意低些”的方法。一次德国某公司来中国推销焊接设备，一套设备报价 40 万美元，还声明这是考虑到初次交易为赢得信誉而出的优惠价。但经我方再三讨价还价，最后以 27 万美元的价格成交。生意谈成时，对方经理又做了一个夸张的仰头喝药的动作，开玩笑地说：“27 万美元卖给贵方，我可是亏了老本，回去怕要服毒自杀了。”事实上，该公司的这种设备曾多次以20多万美元的价格出售过，首次报价40万美元以及他的声明，都不过是虚张声势，给自己留下足够余地的一种手段。

谈判是一个复杂的过程。如果把谈判称作一种艺术，那么它是一种综合性的艺术。语言的艺术手段只是谈判整体艺术中的一个重要组成部分，一项谈判要获得成功，还有赖于谈判者本人渊博的知识、灵活清醒的头脑、惊人的洞察能力和果决的处事能力。

站在对方的立场看问题

你如果想要一个人做某件事，在开口之前，最好先问问自己：我怎么样才能使他愿意去做这件事呢？成功的人才往往都善于与别人合作，这是因为他们通常懂得站在对方的立场上考虑问题。

卡耐基每季度都要在纽约的某家大旅馆租用大礼堂20个晚上，用以讲授社交训练课程。一天，当他刚开始授课时，忽然接到通知，旅馆经理要他付比原来多三倍的租金。但在他知道这个消息以前，入场券已经印好，而且早就寄出去了，另外，其他开课的事宜也都已办妥。很自然，他得去和经理交涉：怎样才能让经理退让呢？

两天以后，他去找经理说："我接到你们的通知时，有点震惊，不过，这不怪你。假如我处在你的立场，或许也会写出同样的通知书。你是这家旅馆的经理，你的责任是让旅馆尽可能得到更多的利润。你不这么做的话，你的经理职位可能就不保了。假如你坚持要增加租金，那么让我们来估计一下，这样对你到底是有利还是不利？"

"先讲有利的一面。大礼堂不用作讲课而是租给那些举办舞会、晚会活动的单位，你必可以获得较高利润。因为举办这一类活动的时间并不长，他们却愿意一次付出高额的租金，比我能支付的金额当然要多得多。租给我，显然你吃大亏了。"

"现在，来说不利的那一面。首先，你增加我的租金，却降低了收入。因为实际上等于你把我赶走了，由于我付不起你所要的租金，我势必得再找别的地方办训练班。还有一件对你不利的事，你损失了一个大好的做广告的机会。我的这个训练班每次都将吸引上千个有文化素养的中、高层管理人员到你的旅馆来听课，对你来说，这难道不是个不用花钱的活广告吗？事实上，你花5000元钱在报纸上登广告，也不一定能邀请到这么多人亲自到你的旅馆来参观，可我的训练班学员却全让你邀请来了。这难道不合算吗？"

讲完后，卡耐基告辞，说道："请你仔细考虑后再答复我。"最后，经理让步了。

在卡耐基获得成功的过程中，他没有谈到一句关于他要什么的话，他是站在对方的角度想问题的。

可以设想，如果他怒气冲冲地跑进经理办公室，扯着嗓门叫道："这是什么意思！你知道我把入场券都印好了，而且都已寄出去了，开课的相关事项也都准备就绪了，你却要增加百分之三百的租金，你不是存心整人吗？百分之三百！好大的口气！你有病吗？我才不付哩！"

想想，那该又是怎样的局面呢？大吵之下训练班必然无法举办。即使他能够辩得过对方，旅馆经理的自尊心也很难使他认错而收回原意。设身处地替别人想想，了解别人的观点，比一味地为自己的观点而和对方争辩要高明得多。

站在对方的角度上考虑问题，就要先站在对方的立场，说出对方想讲的话。如"我也觉得你过去的做法还是有可取之处的，确实令人难以放弃。"为什么要这样做呢？因为当一个人的想法遭到别人否决时，极可能为了维持尊严或咽不下这口气，反而变得更倔强地坚持己见，抗拒反对者的建议。

化解“谈判僵局”的策略

谈判中，有时双方对一些问题各持己见，谁也不肯让步，导致谈判陷入僵局。这种对峙加上毫无进展的局面，显然是双方都不愿意看到的。

在谈判出现僵局的情况下，你必须具有足够的耐性与拥有不急于达成协议的条件，才有可能等待对方提出新方案。因此，你若想等待对方提出新方案，必须具有长期等待的心理准备。这时，如果单纯地作出一定的让步，虽然有可能打破僵局，但这样常常会使谈判朝着不利于己的方向发展。而且这也会暴露出你急于求成的心理，对方会利用你这种心理，逼你作出让步。当你稍作让步时，对方就会认为你软弱，往往变本加厉，以谋求更多的利益。僵局的形成不可避免，但在面对僵局时，应该采取什么样的对策来打破僵局呢?

转变话题是打破僵局的一个办法。谈判一旦陷入僵局，大家通常都是心照不宣地等待对方先让步，以便乘虚而入，因此双方开始比耐心。但是，如果双方都不肯让步，这样僵持下去对大家都没有好处。以一种适当的方式来打破僵局，是此时谈判双方的一种愿望。

这种情况下，一方可以主动转变一下谈判话题，从侧面表示希望双方共同努力来打破僵局，这时对方如果真有诚意谈判，对你的言外之意当然一清二楚，一般会做出相应的反应。这样，就有可能打破僵局，使谈判能进行下去。

当然，谈判中出现僵局，从某种意义上来说，并不一定是坏事。有些经验丰富的谈判者，常常把相持不下的僵局作为一种策略。因为在出现僵局时，往往更能试探出对方的决心、诚意和实力。

为打破谈判僵局，有些具体措施可以参考，比如：更换谈判人员；改期再谈；找一个调解人；向对方多提供几个方案，使其有更多的选择余地；对商品的规格、条件做一些适当的修改；说些笑话，缓和紧张气氛；等等。

比尔先生因为搭乘的飞机误点，在一个暴风雨的天气中，于午夜才到达旅馆。比尔先生的西装又皱又潮，鞋子湿了，而且累得精疲力竭。他热切地渴望能跳上那张已经预订好的单人房内的床。但柜台职员看了比尔一眼，然后用平淡的声音缓缓地说："是的，你已经预订了房间，但是我们现在没有房间了，这种事情偶尔会发生的。"

比尔先生先把行李放在地毯上，然后对自己说，柜台职员只是一个单纯反应、毫无思考能力的机器，他的行为就像是一个装好程序的机器人或电脑。比尔先生将其他的解决之道在脑海里想了想：旅馆可能给你一间套房，或者可以在会议室里摆张床，或者让你使用套房的起居室。

于是，比尔先生开口说："这样吧……有没有套房呢？若是套房也没有了，是否可以住州长的套房？我知道你们有会议室，你们在宣传手册上做过广告，请问是否可以在会议室内摆张床呢？"这个职员挡回来说："噢，不行的，我们不能这样做。我看，你还是去另找一家旅馆吧！"比尔先生回答："我可不愿意再到别家旅馆去。我很累想睡了，而且就要睡在这里。麻烦你，让我跟你们总经理谈谈。"比尔先生知道这么晚总经理是不会在的，但他要让这个职员知道他的决心。职员苦着脸，拿起一个专线电话叽里咕噜地说了些话，接着夜班经理出现了。比尔先生重复了他对套房、会议室或其他可行办法的看法。

夜班经理查了查房间表，皱着眉说："我们是还有一间套房，只是价钱是单人房的两倍。"比尔先生冷静、坚定地说："不应该有一分钱的增加，因为我是预订好房间的。"夜班经理叹了口气，说："价钱就是这样了，你是要还是不要呢？"比尔先生思索了一下，说："我要了。"

第二天早上，比尔先生的账单送了上来，当然，比原先的钱多了一倍。比尔先生要求见总经理。见到总经理后，比尔先生告诉总经理，他很惊讶旅馆不能兑现预订的住房，他愿意听听总经理对这件事的解释。结果是，总经理对此事表示抱歉，最后比尔先生只付了单人房的价钱。

比尔的事例告诉我们，和对方的谈判交涉，如果没有什么结果，就应该升高一个层次，去找对方的上司谈判，这样往往也能打破僵局，解决问题。

用幽默营造融洽气氛

几乎在每一次重要会谈的报道中，新闻记者们都喜欢用这么一句话："会谈在诚挚友好的气氛中进行，宾主双方就各自关心的问题交换了意见。"这句极平常的套话，实际却道出了谈判中的气氛。

在谈判中，谈判双方为了达到各自的目的，都希望谈判能取得圆满成功。当有关谈判的准备工作完成后，双方人员或神态安详，或气势夺人地在谈判桌前就座，在他们跨进门的那一刻，谈判气氛就基本上形成了。这种谈判气氛或冷淡紧张，或平静严肃，或热烈友好，或诚挚认真，或松垮拖拉……一旦形成某种气氛，那么这一次谈判基本上就是这种气氛，不大容易变化了 。

友好、轻松、诚挚、认真的合作气氛，对于谈判双方来说，具有重要意义。所以，我们必须为建立良好的合作气氛下些功夫，这样有利于谈判结果的达成。

很多富有经验的谈判专家认为：谈判双方人员寒暄就座时的那一段时间特别重要。用什么样的形式来打破沉默，把寒暄时的融洽气氛带入正式谈判，没有固定的模式。只要对形成友好、活跃、热烈的谈判气氛有利，各种办法都是可行的。

按照惯例，通常先由东道主向客人致欢迎词，然后让客方先进门，以示对客人的尊重。这种时候，主客双方除态度友好、诚挚、热情之外，最好能用语言表现出一点幽默感，这对于营造友好融洽的谈判气氛是非常有用的。适度的幽默对建立良好的谈判气氛有以下几个好处：

一、让人们精神放松

谈判即将开始时，双方人员总会有些紧张和不自在，尤其是第一次谈判。汤玛斯·曼说：“当内心产生某种强烈欲望时，人很快就会摆出备战状态。”处于这种备战状态的人们，因为戒备而显得紧张。这时，幽默可以使大家放松，平添情趣，从而打破紧张局面，创造和谐的气氛。

二、让双方关系更加密切

一旦大家从相互戒备的心理状态中解放出来，大家的注意力便不再集中于胜败之念，而会转移到解决问题方面来。这样，良好的合作才可能进行下去。

英国前首相丘吉尔在营造谈判气氛方面表现出的幽默天赋，堪称世界一流。1943 年，在叙利亚问题上，丘吉尔和戴高乐发生了分歧。直接原因是法兰西民族解放委员会宣布逮捕了布瓦松总督，而此人是丘吉尔颇为看重的人物。要解决这一件令双方都感到棘手的难题只有依靠谈判了。

丘吉尔的法语讲得不好，戴高乐的英语却讲得很漂亮。这一点，是当时戴高乐的随员们以及丘吉尔的大使达夫·库柏早已知道的。这一天，丘吉尔是这样开场的。他用法语说道："请女士们先去逛市场。戴高乐和其他的先生同我去花园聊天。"然后，他又用足以让人听清的声音对达夫·库柏说了几句英语："我用法语对付得不错吧，是不是？既然戴高乐将军英语说得那么好，他一定完全可以理解我的法语的。"话音未落，戴高乐和众人都哈哈大笑。这时，连平时十分敏感的戴高乐也以友好、理解的态度听取丘吉尔用结结巴巴的法语发表的评论。

丘吉尔这番幽默开场白使气氛变得轻松多了。他首先以谁也想不到的法语致词，起到一种出人意料的情绪转换的效果。戴高乐和他的随员们入座时都在想着丘吉尔对那件他们共同关心的事的提问，没想到他却说起自己与戴高乐的语言表达问题。其次，他对自己蹩脚的法语的自嘲，让戴高乐和他的随员们感受到了一种亲切、平易近人的谦恭。幽默在谈判开始时所起的作用，是许多谈判专家都重视的。

随着谈判的进行，双方可能发生分歧，或在一些具体细节上形成僵局，这种时候，幽默的作用也是不可忽略的。

幽默不仅能调节氛围，而且还是一种行之有效的感情战术。能在不知不觉中，让谈判桌上的筹码发生变化。

谈判中也常会发生矛盾，出现僵局，此刻，使用幽默语言会产生神奇的效果。有家因为欠账而资金周转不灵的商店，设法促使顾客现金交易。店家想，假如直言不讳地对顾客说“谢绝欠账”，难免会引起不满，甚至失去老主顾。于是，店家在窗外的小黑板上写道：“本店很想让你欠账，但怕你欠了账，就不敢来交易了。”此举收到了很好的效果。

以退为进的谈判术

在谈判中先发制人不失为一种策略，但是，这样很容易使对方产生抵触情绪，影响双方良好人际关系的建立与维护，使谈判陷于僵局。因此，有经验的谈判者往往采取以退为进的策略。

退是一种表面形式，在形式上退让，可使对方能在你的退让中得到心理满足。由此，对方不但思想上会放松戒备，而且作为回报，或说合作，他也会满足你的某些要求，而这些要求正是你的真实目的。

谈判中以退为进的方法有很多。替自己预留让步的余地，以便在对方的讨价还价中有所退却，满足对方的要求。但是，不要让步太快。因为当对方轻而易举地获得你的让步时，不但不会使他在心理上获得满足，反而会怀疑你的让步有诈。而慢慢让步不但能使对方心理上得到满足，而且能更加珍惜它，也可以让对方通过努力去争取他所想得到的东西。

对于对方希望得到的东西不要马上满足他，而是要让他通过努力争取来获得。这样做，看起来是你的一种让步，而其实你是以对方应该得到的东西来换取他在其他方面的让步。这当然是一种有益无害的行为。

谈判中，要让对方尽可能多地发言，充分表明他的观点，说明他的问题，而你应该少说为宜。这样，对方由于暴露过多，回旋余地就变小了。而你很少表态。可塑性就很大。两者的处境，犹如一个站在灯光下，一个躲在暗处。他看你一团模糊，你看他却一清二楚。这样你就掌握了谈判的主动权。除了让对方多说还要设法让对方先说，先提出要求。这样做，既表示出你对对方的尊重，又使你可以根据对方的要求确定你的策略，可谓一举两得。

让步有实质性让步与非实质性让步之分。口头上表示对对方的要求、观点进行考虑时，当然是一种非实质性让步，因为它与利益无关。但是，这种说法能给对方心理上带来慰藉。虽然这种做法有点“口惠而实不至”的味道，但它确实是一种以退为进的成功策略。

运用以退为进策略，常常是很有效的。

某市机床厂成为首批机电产品出口基地之后，该厂厂长率领一个业务小组赴美国寻找销路。业务小组出发之前，已给美国卡尔曼公司发去信息，并表明了自己的意图。业务小组与卡尔曼公司总裁一见面，便就双方所需的机床规格一一进行了报价。但由于双方在价格上互不相让，导致相持不下，最后总裁先生提出考虑一下再说，但这之后连续两天没有音讯。但机床厂业务小组不动声色，耐心等待，不催不逼。

原来，业务小组在赴美前已对大量的资料进行了分析——美国为保护本国对外贸易，对日本、韩国等实行提高关税的措施。一些代理商急于寻找避开“贸易保护政策”的机遇，为该机床厂产品进入美国市场提供了良好时机。

机床厂厂方的耐心等待，终于起到了效果。两天之后，沉不住气的卡尔曼公司终于打来电话约商谈的时间。之后，双方进行了谈判，经过反复讨论，终于签订了150台车床的合同。

忍耐，也是一种以退为进的策略。忍耐可以避免谈判中的直接冲突，避免因意见分歧而争论不休，伤了感情。给对方留出一些适应的时间，以便对方对你的意见能慎重地加以考虑。如果你急于达成协议，对方掌握了你这种心理，可能会提出苛刻的条件；反之，你不急于达成协议，以退为进，看起来一副无所谓的样子，对方反而有可能降低要求。

以退为进并不是消极地退让，最终还是为了实现自己的目标。运用以退为进的谈判策略，往往比一味采取进攻策略更有效。

知己知彼，百战不殆

最大限度地掌握对方信息，是谈判成功的关键。但是掌握对方信息，尤其是摸清对方的底线又要讲究一定的方法。

一般来说，谈判的最终目的是实现双赢。然而在现实生活中，通常一方想要出的是最低价，而另一方想要出的是最高价。所以也注定了谈判的艰难。那么，在谈判时怎样才能够摸清对方的情况呢？可以试一试以下的几种方法。

一、主动抛出话题

谈判时，为了能够获得对方的情报，可以主动抛出一些带有挑衅性的话题，刺激对方表态，然后，再根据对方的反应，判断其虚实。比如，甲方向乙方订购货物，提出了几种不同的交易品种，并询问这些品种各自的价格。乙方一时搞不清楚对方的真实意图，甲方这样问，既像是打听行情，又像是在谈交易条件；既像是个大买主，又不敢肯定。面对甲方的问题，乙方心里很矛盾，如果据实回答，万一对方果真是来摸自己的底，那自己岂不被动？但是自己如果敷衍应付，有可能会错过一笔好的买卖，说不定对方还可能是位可以长期合作的伙伴呢。这时乙方就刺激了一下甲方，对甲方说："我是货真价实，就怕你一味贪图便宜。我们知道，商界中奉行着这样的准则——'一分价钱一分货''便宜无好货'。"乙方的回答，暗含着对甲方的挑衅意味。除此之外，这个回答的妙处还在于，只要甲方一接话，乙方就会很容易地把握甲方的实力情况，如果甲方在乎货的质量，就不怕出高价，回答时的口气也就大；如果甲方在乎货源紧俏，就急于成交，口气也就显得较为迫切。在此基础上，乙方就会很容易确定出自己的方案和策略了。

二、绕圈子摸情况

有些情况对方不会直接告诉自己。这时就要通过绕圈子这一手段巧妙探得对方的底牌。在主客场谈判中，有些谈判高手为了探得对方的时限，就极力表现出自己的热情好客，除了将对方的生活安排得十分周到，还盛情邀请他们游山玩水，在对方感到十分惬意之时，提出帮对方订购返程机票或车船票。这时对方往往会将返程日期告诉自己，这样，在正式的谈判中，就容易拥有主动权。

三、故意出错，"诱敌深入"

有时候为了能够让对手和自己达成协议，可以使用"诱敌深入"的方法，而其中最有效的就是故意出错。探测方可以有意犯一些错误，比如念错字、用错词语，或把价格报错等种种示错的方法，诱导对方表态，然后再借题发挥，最后达成目的。

例如，在某时装区，当某位顾客在摊前驻足，并对某件商品多看上几眼时，早已将这一切看在眼里的摊主就会前来搭话说："看得出你是诚心来买的，这件衣服很合你的意，是不是？"察觉到顾客无任何反对意见时，他又会继续说："这衣服标价300元，给你优惠，280元，要不要？"如果对方没有表态，他可能又说："看你很有诚心，我也想开个张，保本卖给你，250元，怎么样？"如果此时顾客犹豫不决，摊主就接着说："好啦，你不要对别人说，我就以280元卖给你。"早已留心的顾客往往会迫不及待地说："你刚才不是说卖250元吗？怎么说变就变了呢？"此时，摊主装作糊涂的样子说："是吗？我刚才说了这个价吗？啊，这个价我可没什么赚啦。"然后故作心痛地说："好吧，就算是我错了，不过人总得讲信用，除了你，不会再有这个价了，你也不要告诉别人，250元，你拿去好了！"话说到此，绝大多数顾客都会买。这里，摊主假装口误将价涨了上去，诱使顾客做出反应，巧妙地探测并验证了顾客的购买需求，达到了"引蛇出洞"的效果。在此之后，摊主再将降下来的价让出去，就会很容易地促成交易。

四、灵活制定谈判策略

谈判时的策略一定要灵活。只有策略正确，技巧才能够充分发挥作用。是先发制人，提出一个方案来察看对方动静好呢？还是后发制人，先请对方提出意见，然后己方在意见的基础上提交方案好呢？这都需要根据情况而定！

在一次交易会上，一家公司与一个外商洽谈产品出口业务。这家公司的谈判代表沉着老练，采用“后发制人”的策略，不急于兜售自己的产品。而外商则采取虚虚实实的招数来摸他们的底细，罗列过时的行情，故意压低购货价格。这家公司经过调查，了解到国外有一家生产同样产品的厂家由于发生事故停产了，又了解到该产品可能有新用途。在这种情况下，中盘开战，采取攻势，主动出击。明确告诉对方：自己的货源也已经不多了，这种商品国外订购量很大，有意无意之间把国外那家生产大厂发生了事故，资源短缺的消息透露了出去。

这家外商很吃惊，但却仍然故作镇静，一再要求这家公司降低价格，并以减少供货量相要挟。由于情报确凿，这家公司的谈判人员料定这是对方的虚假之态，丝毫不为所动。后来又经过两三个回合的交锋，对方终于接受了这家公司提出的价格，购买了较大数量的该种产品，并且还将此种商品的新用途告知了这家公司。

不妨以柔克刚

《孙子兵法·虚实篇》云："水因地而制流，兵因敌而制胜。""柔"相对"刚"而言，有其独到之处。刚强之物，形可碎而不可变，坚而不韧，强而易脆；而柔弱之物，随势变形，柔而耐长久，软而有韧性。谈判中，面对咄咄逼人、气势很强的对手，应避开不利条件下的正面冲撞，见机行事，同时运用以柔克刚的方法，说服对手。

在谈判中出现以下几种情况的时候可以采用以柔克刚策略。

1. 当对方势力强大，己方势力弱小，并且对方明显轻视己方时，可以运用以柔克刚的技巧。

第一次世界大战后，土耳其与希腊发生冲突。英国为了"教训"土耳其，纠集法国、俄国、日本、希腊、美国、意大利等国家代表，与土耳其在洛桑进行谈判，企图以强大的气势胁迫土耳其签订不平等条约。

英国的谈判代表是一位颇有名气的外交家，名叫克尊，此人身材高大，声音洪亮，是英国首推的人选。而土耳其的代表是伊斯梅，与克尊恰恰相反的是，他的身材短小，并且有点儿耳聋，是一位名不见经传的小人物。双方代表无论是从外交家的感观印象还是政治实力，都是极不相称的。其中英方代表有强大的后盾，并且在谈判声势上也占尽绝对优势，而土耳其一方却没有一点儿优势可言。在谈判中，克尊轻视伊斯梅，并且表现出嚣张傲慢、不可一世的态度。同时，法、意等国的谈判代表也盛气凌人，以势压人。在这种十分不利的情况下，伊斯梅从容不迫，不卑不亢。每当对方发泄完后，他总是不慌不忙地张开右手，靠到耳边，把身体移近对手，十分温和地说："你说什么？我还没明白呢！"意思是说，请你再说一遍。伊斯梅就是以这种以柔克刚的策略，与各列强在谈判桌上苦苦周旋了 3 个月，最后在不伤英国代表面子的情况下，维护了土耳其的利益。相反，如果面对强大的对手，伊斯梅以硬碰硬，那么当时的土耳其可能和之后海湾战争中伊拉克的命运一样。

2. 当对方情绪激动，突然爆发时，谈判者可以使用以柔克刚的策略。

麦金莱刚任美国总统时，他指派某人做税务部长。但当时有许多议员反对委派此人，他们派遣代表游说总统，希望总统能改变初衷。反对者中为首的是一位身材不高的国会议员，他刚见到总统，便大发脾气，将总统臭骂了一顿。出乎这位议员的预料，麦金莱总统任凭他声嘶力竭地骂着，始终一声不吭，最后又和气地说："议员先生，你讲完了吧？怒气也该平息了，按道理和习惯，你是没有这个权利来如此责问我的，不过我还是非常愿意详细地给你解释一下……”议员此时羞惭万分，但总统并没有给他讲话的机会，紧随其后是和颜悦色的理由：“其实也不能怪你，因为我想任何不明事理的人，都会大怒的。”

其实，未等麦金莱说完所有的理由，那位议员已经被他折服了。他在心里懊悔自己的鲁莽，不该用这样恶劣的态度来责问一位善解人意的总统。因此，当他回去向其他议员汇报结果时，只是说：“我记不清总统的全部解释了，但只有一点可以报告，那就是总统的选择并没有错。”

试想，如果麦金莱总统对前来责问的人吼道：“你给我出去！你没有权利来教训我！我的决定是非常正确的！”那位议员可能会比他更凶、更暴躁，绝不可能认可总统所做的决定。以柔克刚，不因对方之怒而怒，实质上已使自己处于超然的地位，而且，它也极有可能启发对方使其良心发现，从而反省自己的言行是否偏激。

综上所述，以柔克刚的方法适用于当对方强大、主动，而自己较为弱小、被动的情况。为了避免正面冲突，做暂时的退却和忍让，寻机利用对方的薄弱环节，动之以情，晓之以理，从而使谈判最终向有利于己方的方向发展。

突破对方的心理封锁

在谈判过程中，什么情况都可能出现。有时，当正面出击已经受挫时，不要硬逼着自己跟对方进行辩论，而应该采取迂回前进的方式。这就如同在战场上，有时对方戒备森严，设防严密，正面已经很难突破，这时最好的进攻策略就是放弃正面作战，设法找到对方的弱点，迂回前进。要做到这一点，谈判人员必须仔细倾听对方的发言，认真观察对方的每一个细微动作，以便准确地把握对方的行为与想法突破对方的心理封锁，那么具体应该怎样做呢？

1. 在对方讲话时，一定要静心倾听。

可以说，在谈判中，了解、掌握对方信息的主要手段就是听。只有通过听，我们才能更清楚地了解对方真实的观点和立场，从而采取适当的对策。另外，当我们专心致志地倾听对方讲话的时候，要表示对讲话者的观点很重视或是很感兴趣，从而给对方一种心理上的满足感，为进一步思想交流创造良好条件。所以，从某种意义上说，当你安静地倾听对方发言的时候，你就已经开始向胜利迈进了。

2. 细心观察，寻找破绽。

谈判不仅是语言的交流，同时也是行为的交流。在商务谈判中，谈判者总是运用一系列的动作来配合自己的谈话。所以，我们不仅要听其言，还要观其行，通过观察对方的言谈举止，捕捉其内心活动的蛛丝马迹；也可以从对方的姿态神情中探究其心理因素。运用看的技巧，不仅可以判断对方的思想变化，决定己方对策，同时还可以有目的地运用语言传达信息，使谈判向有利于己方的方向发展。

在谈判中，当正面交锋很难使对方让步时，就要暂时避开争论主题，找到双方都感兴趣的话题，从中发现对方的弱点，然后针对其弱点，逐步展开辩论，使对方认识到自己的不足之处，对你产生信服感。最后，再层层递进，逐步把话引入主题，展开全面进攻。这样对方就会冷静地思考你的观点，也易被说服。

广东玻璃厂厂长率团与美国欧文斯公司就引进先进的玻璃生产线一事进行谈判。双方在部分引进还是全部引进的问题上陷入僵局。对于广东玻璃厂的部分引进方案，美国欧文斯公司无法接受。

“全世界都知道，欧文斯公司的技术是第一流的，设备和产品也是第一流的。”广东玻璃厂首席代表转换了话题，通过“第一流”的运用，诚恳而中肯地称赞了对方，使对方由于谈判陷于僵局而产生的沮丧情绪得以很大程度的消除。“如果欧文斯公司能够帮助我们广东玻璃厂跃居全中国的第一流的话，那么，全国人民会感谢你们。”这里，刚离开的话题，似乎又转了回来。但由于前面说的话已解除了对方心理上的对抗，所以对方听到这些话时，似乎也顺耳得多了。“贵公司肯定知道，现在，意大利、荷兰等国家的代表团，正在我国北方省份的玻璃厂进行引进生产线的谈判。如果我们这个谈判因一点点小事而归于失败，那么，不仅是我们广东玻璃厂，更重要的是欧文斯公司方面将蒙受巨大的损失。这损失不仅是生意上的，更会影响贵公司的声誉。”

这里，广东玻璃厂代表没有直接提到谈判中最敏感的问题，也没有指责对方缺乏诚意，只是用“一点点小事”来轻描淡写，目的当然是冲淡对方对分歧的过度关注。同时，点出万一谈判破裂将给美国欧文斯公司造成巨大损失，替对方考虑。这一点，对方无论如何是不能拒绝的。

“目前，我们的确因资金有困难，不能全部引进，这点务必请美国同事们理解和原谅，并且希望在我们困难的时候，你们能伸出友谊之手，为我们将来的合作奠定一个良好的基础。”这段话中，广东玻璃厂诚恳地表达了对方已是我们的朋友，现在不是做什么买卖，而是朋友之间的互相帮助，既通情，又达理。

经广东玻璃厂代表的迂回战，僵局打破了，协议签订了，为我国节约了好几百万美元的外汇。迂回在谈判中要持之有据，言之有理。而迂回中所提及的理由，估计是对方没有考虑过的，或至少是考虑得不周全的。这样，说出来的话才有“信息量”，才会引起对方的注意，并加以思考。

在谈判的回盘过程中，使用迂回婉转策略，也有各种各样的方式，这里介绍几种最常用的方式。

1. 乘虚而入式。

在双方为价格条件而激烈交锋的过程中，利用对方急于进攻的心理，诱使对方透露出更多的信息，从中找出破绽，乘对方专心进攻，疏于防守之际，攻击其漏洞，变对方不利为己方利益，从而在谈判中处于有利地位。

2. 声东击西式。

在谈判双方出现僵局，无法取得进展时，巧妙地变换议题，转移对方视线，从而实现自己目标。这种方法的特点是灵活机动，既不正面进攻，又不放弃目标，而是在对方不知不觉中迂回前进，从而达到自己的目的。在对待对方的高压策略时，声东击西是一个有效的反击手段，但由于这一策略常见，易被人识破，所以在应用这一策略同对方讨价还价时，一定要运用得体，不要让对方看出破绽。

3. 旁敲侧击式。

旁敲侧击式是指在谈判很难取得进展时，除在谈判条件上同对方较量外，还可用间接的方法和对方互通信息，与对方进行情感与心理的交流，增加信任，使分歧得到尽快解决。

一般说来，在谈判中，谈判者都面临着双重压力。一方面必须摆出一副强硬的姿态向对方示威，另一方面又必须在双方都认为合理的条件下同对方达成一致。在正式的谈判场合，双方都高度紧张，不断地试探、进攻、防守，用尽各种方法了解对方的底细，压制对方，争取局势向有利于己方的方向发展。但是，在谈判桌外双方自由交谈，共同参加宴会等非正式交涉中，却能把信息在轻松的气氛中传达给对方，同时也能在对方放松的情况下了解其真实意图。

在非正式的交谈中，双方可以无拘无束地谈论大家感兴趣的话题，以引起共鸣，增进彼此的感情。此时，如果趁机提出一些有关谈判的话题，对方倘若接受，则能加快谈判的进程；如果不能接受，也不会有失掉脸面的忧虑，更不会引起谈判的破裂。

由此可见，旁敲侧击确实能起到迂回婉转、步步递进的作用。旁敲侧击的具体做法很多，但最关键的一点是要营造良好的气氛，使双方感到自在、轻松、温暖、亲切，在这样一种令人满意的气氛中提出一些条件和要求，能加快问题的解决。

使用迂回法，说话态度要始终充满自信。当谈判双方在某个问题上争执不下时，自信加技巧，是胜利的因素。谁更自信，谁说话更有技巧，谁获得成功的可能性就越大。

不可小视的自嘲

在谈判中，自嘲往往具有神奇的作用，它是机智应变语言的重要内容之一。所谓自嘲，即自我嘲弄，表面上是嘲弄自己，但其潜台词却另有韵味。因此，自嘲在谈判中具有特殊的表达功能和使用价值。

别人有事求你，你想拒绝，明言拒绝会让人难堪，而运用自嘲，委婉拒绝，既表达了自己的拒绝意图，又会使对方乐于接受。

要知道，当令人难堪的事情发生时，运用自嘲能使你的自尊心通过自我排解的方式得到保护，并且还能体现出说话者的大度胸怀。

有些时候，人们因某些事不尽如人意而烦恼、苦闷，说出去又担心会惹人笑话时，运用自嘲，既可宽慰自己，又能避免别人笑话，可谓一举两得。

清代乾隆年间，九十八岁的广东人谢启祚仍参加了乡试。主考官点名时，嘲笑着劝他回家抱孙子算了。无奈谢启祚意志坚决，非考不可。皇天不负有心人，他终于中举了。谢启祚老先生悲喜交加，特作了一首《老女出嫁》诗以自嘲："行年九十八，出嫁不胜羞；照镜花生靥，持梳雪满头。"

在与人交涉事情，尤其是谈判时，由于对方要求太高，期望太大，而使谈判面临搁浅时，运用自嘲，有时可达到以退为进的效果。

某地蔬菜公司一位科长到外地调运蔬菜，卖方想趁机捞一把，因而报价很高，双方僵持不下。眼看市场供应就要脱销，心急火燎的科长却摆出一副无可奈何的样子自嘲地说："其实，你们把我看高了，我不过是个小科长，还是个副的，手里能有多大权力？再说，天气这么热，我花大价钱办一笔赔本的买卖，这个责任我担得起吗？"他的这番自嘲，不但使指望过高的卖主大为泄气，而且对他的"苦衷"还产生了同情。最后终于妥协，降低了价格。

在经历了人生的坎坷和艰难之后，常会有人对自己的命运发出深切的感叹。运用自嘲感叹人生，常能收到深切动人的语言效果。与孙中山同被清政府视为"敌寇"的杨鹤龄，在民国成立后常年隐居澳门，自号"四冠堂老主人"。他曾在送给七妹的相片上题字自嘲："半百留影，鳏寡孤独之相，七妹惠存，四兄持赠。"寥寥数语，凄切沉沉。

在一些场合，运用自嘲可以增添情趣，融洽气氛。一位丈夫要出国深造，妻子半开玩笑地对他说："你到那个花花世界，说不定会看上别的女人呢！"

丈夫笑了笑，调皮地说："你瞧瞧我这副尊容，瓦刀脸，罗圈腿，大眼泡，招风耳，站在路上怕是人家都不看呢。”说得妻子扑哧大笑。丈夫的自嘲，隐含了让妻子放心的意思。这比一本正经地发誓，更富有诗意和情趣。

自嘲运用得好，可以使交谈、谈判平添许多风采。如果用得不好，则会使对方反感，造成交谈障碍。自嘲要审时度势，不宜到处乱用。

此外，自嘲要避免采取玩世不恭的态度。自嘲不过是当事者采取的一种貌似消极、实为积极的促使交谈向好的方向转化的手段而已。

同事、朋友、亲戚或许有时会开玩笑似的揭你的“短”，弄得你有点下不来台。这时沉默会让你觉得窝囊，想还口又觉得口吃。这时不妨运用幽默的语言、滑稽的表情和笑料冲淡这尴尬的处境，活跃气氛。

在对付“揭短”时，尤其要注意以下几点：

1. 尽量不认为他人别有用心。

如果我们神经敏感，对别人的每一句话都琢磨一番，极力挖掘潜台词，那只会自寻烦恼。因为在许多场合，对方的话往往是脱口而出或即兴联想的玩笑话，根本没想到会伤害你。

2. 不可反唇相讥。

有些人听不得半句“重话”，这时便会连珠炮似的反讥，使良好的关系破裂。一般说来，开玩笑的人若是得到严肃的回报，脸上常“挂不住”。所以，我们不能为笑话失去一个朋友，甚至给人留下心胸狭窄的印象。

3. 保持风度。

遇到人“揭短”，如果羞怯万状，既不能正常地保持沉默，又不能机智地改变处境，以至于失态，那就显得有些“小气”了。而保持泰然自若的风度，暂时把“揭短”抛置一边，寻找别的话题，或点起一支烟，端起一杯茶，转移别人的关注，这才是上策。

当然，最佳方案是急中生智和使用幽默。一位作家刚发表一篇小说，获得了赞誉之声。另一位作家却不以为然，跑去问他：“这本书还不赖，是谁替你写的？”他答道：“哦，谢谢你的称赞，不过，是谁替你把它读完了？”幽默地回敬，对“揭短”者也是一种应付之道。

第三章

营销中出奇制胜的说话技法

将一把斧头推销给总统，这是一件很难的事情，然而在美国，有一位推销员却做到了。美国一位名叫乔治·赫伯特的推销员，通过一封信将一把斧头成功地推销给了小布什总统，而他也因此获得了布鲁金斯学会的“金靴子”奖。

推销更需好口才

成功是每一个人都梦寐以求的，而口才对于成功有着很大影响。作为推销员，更需拥有好口才为自己带来好的机遇，从而造就成功。

贝吉尔是美国顶尖的保险推销员之一，他之所以能做得这么好，是因为他有很好的口才。

有一次，贝吉尔去见一位准顾客，这位准顾客正考虑购买价值 25 万美元的保险。与此同时，有 10 家保险公司提出计划，角逐竞争，尚不知谁能成功。贝吉尔见到他时，对方立即说道："我已麻烦一位好朋友全权处理，你把资料留下，好让我比较一下哪家便宜。"贝吉尔说："我有句话要真诚地告诉您，现在您可以把那些计划书都丢到垃圾桶里。因为保费的计划基础都是相同的起点，任何一家都是一样的。我来这里，就是帮助您做最后的决定。您的健康，才是保险中最重要的部分。而我已帮您约好一位公认最权威的医生，他的报告每一家保险公司都接受，况且这种价值25万美元的高额保险，只有他才够资格接受。”对方说：“我还需要考虑几天。”贝吉尔说：“当然可以，但是如果您患了感冒，您可能会耽误3天，时间一拖，保险公司甚至会考虑再等三四个月才予以承保……”对方说：“哦，原来这件事有这么重要！贝吉尔先生，我还不晓得你到底代表哪家保险公司？”

“我代表客户！”贝吉尔在迅雷不及掩耳的积极行动下，顺利地签下一张25万美元的高额保险，他所凭借的利器就是他完美的口才。

乔·库尔曼，幼年丧父，18岁那年他成为一名职业球手，后来因手臂受伤，只得回到家中做了一名人寿保险推销员。29岁那年，他成为美国薪水最高的推销员之一。在25年的推销生涯中，他销售了40000份人寿保险，平均每日5份，这使他成为美国金牌推销员。

他深知口才的魔力，就有意识地锻炼了一副好口才。刚开始推销时，他遇见了罗斯，一家工厂的老板，他的工作非常繁忙。很多推销员都在他面前无功而返。

库尔曼说：“您好，我叫乔·库尔曼，是保险公司的推销员。”

罗斯不耐烦地说道：“又是一个推销员。你是今天第十个推销员，我有很多事要做，没时间听你说。”

库尔曼说：“请允许我做一个自我介绍，10 分钟就够了。”

罗斯有些生气，说道：“我根本没有时间。”

库尔曼低下头用了整整一分钟时间去看放在地板上的产品，然后，他问罗斯：“您做这一行多长时间了？”

罗斯回答道：“哦，22 年了。”

库尔曼问：“您是怎么开始干这一行的？”这句有魔力的话在罗斯身上发挥了效用。他开始滔滔不绝地谈起来，从自己的早年不幸谈到自己的创业经历，一口气谈了一个多小时。最后，罗斯还热情邀请库尔曼参观自己的工厂。那一次见面，库尔曼没有卖出保险，但却和罗斯成了朋友。接下来的三年里，罗斯从库尔曼那里买走了 4 份保险。

俗话说：君子不开口，神仙也难下手。所以，作为推销员，最怕对方不开口。而库尔曼凭借自己的好口才打开了拒绝者的话匣子。

库尔曼有位朋友是费城一家再生物资公司的老板。他从库尔曼手中买下了他人生第一份人寿保险。他总结出了库尔曼的成功秘诀：“他对我说的那些话，别的推销员都说过。他的高明之处在于，不跟我争辩，只是一个劲儿地问我‘为什么’。他不停地问，我就不停地解释，结果把自己给‘卖’了。我解释越多，就越意识到我的不利地位，防线最终被他的提问冲垮。所以不是他在向我卖保险，而是我自己‘主动’在买保险。”

斯科特先生是一家食品店的老板。库尔曼通过一番提问，向他推销了自己所在保险公司有史以来最大的一笔寿险——6672 美元。下面是两人的对话记录。

库尔曼说：“斯科特先生，您是否可以给我一点儿时间，为您讲一讲人寿保险？”

斯科特回答道：“我很忙，跟我谈人寿保险是浪费时间。我已经 63 岁了，早几年我就不再买保险了。儿女已经成人，能够好好照顾自己，只有妻子和一个女儿和我一起住，即便我有什么不测，她们也有钱过舒适的生活。”

换了别人，斯科特这番合情合理的话，足以让其心灰意冷，但库尔曼不死心，仍然向他发问：“斯科特先生，像您这样成功的人，在事业或家庭之外，肯定还有些别的兴趣，比如对医院、宗教、慈善事业的资助。您是否想过，您百年之后，它们就可能无法正常运转？”

见斯科特没说话，库尔曼意识到自己的提问问到了点子上，于是趁热打铁地说下去：“斯科特先生，购买我们的人寿保险，不论您是否健在，您资助的事业都会维持下去。7 年之后，假如您还在世的话，您每月将收到 5000 美元的支票，直到您去世。如果您用不着，您可以用来完成您的慈善事业。”

听了这番话，斯科特的眼睛变得炯炯有神，他说：“不错，我资助了3名传教士，这件事对我很重要。你刚才说如果我买了人寿保险，那3名传教士在我死后仍能得到资助，那么，我总共要花多少钱？”库尔曼答道：“6672美元。”最终，斯科特先生购买了这份保险。

一般而言，人们买保险是为了让自己和家人的生活有保障，而库尔曼通过不断追问，终于发现了连斯科特自己也没意识到的另一种强烈需要——慈善事业。当库尔曼帮助斯科特找到了这一深藏未露的需要之后，购买人寿保险来满足这一需要，对斯科特而言就成了主动而非被动的事。

营销人员的必备修养

想让营销成功，除了准确地把握市场动向，把握好营销的基本法则，领悟营销在市场上的基本策略，更重要的一点，就是营销人还需要有自己的营销修养。以下几点可供营销人员参考。

一、提供服务，不计酬劳

营销人员需要有一种服务习惯，要是不把服务当成习惯，就算再好的营销人员也不一定能做好自己的营销事业。有许多营销人员，只是对近期的客户关爱有加，而对于已经没有多大商机的客户，表现得漠不关心，甚至忘记了他们。这样的营销人员最后的结果就是客户源永远不足。

大部分营销人员在利益面前首先想到的是自己的那一块，这是作为营销人员最大的忌讳。营销人员什么时候把自己放在第二，把客户放在第一时，那么，他的服务习惯就很自然形成了。一些浙江的商人有一个习惯，就是当一笔生意来时，首先考虑的是对方能不能向上司交账，能否通过这个生意让上司对他的下级信任度有所提高，所以这些浙江商人在生意场上总是春风得意，因为他们已经习惯先为他人着想，最后才会考虑自己的那一点点自留的利益。

在营销人员的眼里没有这个客户好与那个客户不好的意识，而是根据客户的不同需求进行分类，并对不同类别的客户进行习惯性服务。

二、平等交易，互利互惠

有的营销人员喜欢做一些违背市场规则的行为，特别是与客户签合同时，总想把客户的利益降到最小使自己的利益最大化，结果往往会因为合同的不公平而造成交易的失败，这是不值得的。营销人员在进行生意谈判过程中，一定要牢记你与客户永远是平等的，有义务肯定有权利，有制约肯定有放弃，要想熊掌与鱼兼得，那么你永远是一个做不好的营销人员。

三、要有勇气开口

口才不好的人，往往见了生人就会脸红，说话的时候，也总难于启齿。因此，要提高口才，营销人员首先要下极大的决心，鼓起勇气对客户说话。只要记着“我和他是一样的人”，就可以减少畏惧心理。畏惧的心理克服了，便能自然地和客户交谈，只要合于客户的兴趣，客户就不会拒绝你继续说下去的。

四、态度要诚恳

如果你的语气恳切，态度诚恳，相信客户也会因你的态度，被你感动。通常只要营销人员带着真诚的情感说话，便可以获得客户的信任。许多时候，能和客户保持和谐的关系，情感是起了很大的作用的。

五、语言要简明

说话啰唆，是最容易给人留下不良印象的。所以营销人员的每句话，都要简洁、明确，少用不必要的形容词。每一句话，都要清晰，人家才能明白你的意思。每个人的时间是很宝贵的，所以尽量用最短的时间来表达你的意思是非常明智的选择。

六、不说没有把握的话

在我们身边，经常会看到营销人员在与客户进行谈判时，给的承诺过多。作为营销人员，必要的谈判艺术也是需要的，但更要实事求是地讲清楚服务的限度，而不能随意承诺客户你做不到的事情。有位营销人员曾说过这样一句话：说谎的结果就是让你支付更多的利息和成本，乱承诺就是把自己的信誉低价出卖给别人。

好开局是成功推销的关键

推销员与客户面谈之前，需要有适当的开场白，好的开场白是推销成功的先决条件。在实际推销工作中，推销员可以首先唤起客户的好奇心，引起客户的注意和兴趣，然后再说出商品的优点及其利益所在，迅速转入面谈阶段。好奇心是人类所有行为动机中较为有力的一种，唤起好奇心的具体方法灵活多样，要尽量做到得心应手，不留痕迹。

一位人寿保险代理商接近准客户时便问："5 公斤软木，您打算出多少钱？""如果您坐在一艘正在下沉的小船上，您愿意花多少钱呢？"这个令人好奇的问句，可以引发顾客对保险的重视和购买的欲望。人寿保险代理商阐明了这样一个思想，即人们必须在实际需要出现之前投保。为了吸引客户的注意，有时，可用一句大胆陈述句或强烈问句来开头。

20 世纪60 年代，美国有一位非常成功的销售员乔·格兰德尔，他有个非常有趣的绰号，叫作"花招先生"。他拜访客户时，会把一个3 分钟的蛋形计时器放在桌上，然后对客户说："请您给我3 分钟，当最后一粒沙穿过玻璃瓶时，如果您不要我再继续讲下去，我就离开。"他会利用蛋形计时器、闹钟、20 美元面额的钞票及各式各样的花招，使他有足够的时间让客户静静地坐着听他讲话，并对他所卖的产品产生兴趣。而且他总是可以把客户的利益与自己的利益相结合。客户是向你购买想法、观念、物品、服务或产品的人，所以你应带领潜在客户，帮助他选择最佳利益。

美国某图书公司的一位女推销员总是平心静气地以提出问题的方式来接近客户："如果我送给您一小套有关个人效率的书籍，您打开书发现内容十分有趣，您会读一读吗？""如果您读了之后非常喜欢这套书，您会买下吗？""如果您没有发现其中的乐趣，您把书重新塞进这个包里给我寄回，行吗？"这位女推销员的开场白简单明了，使客户几乎找不到说"不"的理由。后来，这三个问题被该公司的全体推销员采用，成为接近客户的标准方式。

另外，好的开场白能引发客户的第二个问题，当你花了 30 秒的时间说完你的开场白以后，最佳的结果是让客户问你，你的东西是什么？当客户问你东西是什么的时候，就表示客户已经对你的产品产生兴趣了。如果你花了 30 秒的时间说完开场白，并没有让客户对你的产品或服务产生好奇或兴趣，而他仍然告诉你没有时间或没有兴趣，那就表示你这个 30 秒的开场白是无效的，你需要赶快设计另外一个更好的开场白来替代。如果你卖的是电脑，你就不应该问客户有没有兴趣买一台电脑，或者问他们是不是需要一台电脑，你应该问："您想知道如何用最好的方法让你们公司每个月节省5000元钱的营销费用吗？"这一类型的问题比较容易吸引客户的注意力。

以下列举一些强力有效的开场白：

"我需要您的帮忙。""我知道您是这里当家做主的大老板，可是我能不能找那些认为自己是当家做主的人谈谈？""我想借5万元,不知道您能不能帮我？""我刚刚在隔壁跟某某在一起，她觉得我可能对贵公司有所帮助,就像我对他们公司一样。""我刚刚在隔壁跟某某在一起，她建议我顺道过来找某某再谈谈。请问她在吗？""我是某某，您不认识我？""我刚在车上煎了一个蛋，不知道你们这里有没有盐和胡椒？""我的老板说，如果我做不出业绩来，就要叫我卷铺盖走人。所以如果您不想买东西，说不定你们这儿正好缺人。""大部分和我们合作的机构都希望职员在出差时有更好的工作效率。我们的电脑设有内置打印机，能为外出工作的员工节省金钱和时间。""你们这一类的业务经理，总想取得最新的竞争情报。我们的竞争分析服务能让客户随时知道对手的最新情况。"

商业销售的促销技巧

商品交易中，经常会出现磕磕碰碰的情况。某些情况下，确实是顾客横挑鼻子竖挑眼，但销售员如果也脾气暴躁，心胸狭窄，势必会影响双方的交易。聪明的销售员往往善于给顾客一个“台阶”，让对方恢复心理平衡，这样既能平息双方的矛盾也赢得了顾客，使顾客在购买自己的产品时获得快乐的心情。

一、善于示弱

在推销中，真诚的自责是给对方一种体贴、一种慰藉，往往责怪的是自己，安慰的是对方。善于与对方进行心理互换也是一种使顾客获得快乐的手段，它不仅能使交易继续下去，说不定对方还会给你带来更多的客户。示弱就是一种扬人之长、揭己之短的语言技巧，目的是使交易重心不偏不倚，或使对方获得一种心理上的满足，从而达到销售的目的。

有个人很擅长做皮鞋生意，别人卖一双，他往往能卖几双。一次谈话中，别人问他做生意有何诀窍，他笑了笑说：“要善于示弱。”接下来他举例说：“有些顾客到你这里来买鞋子，总是东挑西拣到处找漏洞，把你的皮鞋说得一无是处。顾客总是头头是道地告诉你哪种皮鞋最好，价格又适中，式样与做工又如何精致，好像他们才是这方面的专家。这时，你若与之争论毫无用处。他们这样评论只不过想以较低的价格把皮鞋买到手。这时，你要学会示弱，比如，你可以恭维对方确实眼光独特，很会选鞋挑鞋，自己的皮鞋确实有不足之处，如样式并不新潮，不过较稳罢了；鞋底不是牛筋底，不能踩出笃笃的响声，不过，柔软一些也有柔软的好处……你在表示不足的同时也侧面赞扬一番这鞋子的优点，也许这正是他们动心的地方。顾客花这么大心思评论不正是表明他们其实是很喜欢这种鞋子吗？”

通过示弱，满足了对方的挑剔心理，一笔生意很快就成交了。这就是他的妙招，示弱并不是表示你真的弱，只不过是顺着顾客的思路，用一种曲折迂回的办法来俘虏对方的心罢了。

二、巧妙诱导

一般来说，顾客对销售人员的“自卖自夸”大多采取不相信的态度，甚至有一种戒备心理。这时要想说服对方改变主意，是很不容易的。最好的办法是只向对方说自己的看法，而由对方最后得出结论。

某家用电器公司的推销员挨家挨户推销洗衣机，当他到一户人家里时，看见这户人家的太太正在用洗衣机洗衣服，就忙说：“哎呀！这台洗衣机太旧了，用旧洗衣机是很费时间的。太太，您该换新的啦……”结果，不等这位推销员说完，这位太太马上驳斥道：“你在说什么啊！这台洗衣机到现在都没有出现过什么故障，新的也不见得好到哪儿去，我才不换新的呢！”

过了几天，又有一名推销员来推销。他说：“这是台令人怀念的旧洗衣机，因为它很耐用，所以对您有很大的帮助。”这位推销员先站在太太的立场上说出她心里想说的话，使得这位太太非常高兴，她说：“是啊！这倒是真的！我家这台洗衣机确实已经用了很久，就是太旧了点儿，我倒想换台新的洗衣机！”于是推销员马上拿出洗衣机的宣传小册子，给她提供参考。

这种推销说服技巧确实很有效，因为这位太太已产生购买新洗衣机的想法。至于那位推销员是否能说服成功，无疑是肯定的，只不过是时间长短的问题罢了。

由此可见，推销也不可盲目地诱导。在说服别人之前，要努力在双方的经历、志趣等方面寻找共同点，诱发共同语言，为交际创造一个良好的氛围，进而使对方接受你的意见。但这种“套近乎”的方法也要讲求策略，否则，不看对象、时机而随便“套近乎”很可能越“套”越远。

三、要有耐心

有时，当你在劝说别人时，对方可能并没有完全了解说服的具体内容就马上把你否定了。另外还有一种情形是对方可能自以为是，在你还未开口时就已先采取拒绝的态度。这时，你一定要耐心地一项项按顺序加以说明。

对不能完全了解说服内容的人，你千万不可意气用事，必须把自己所提建议中的重要性及其优点一一展开，让对方自己去权衡利弊。无论如何，你都不能因一次说不通就打退堂鼓，因为要想彻底地说服别人也需要一个语言诱导的过程。

寒暄是销售的催化剂

问候和寒暄虽然是一些单调而且简单的话语，但是却不可忽视。因为它是启动推销的催化剂，能够在彼此之间架起一座桥梁，满足人们的亲和心理。

寒暄在人际交往中的作用是十分重要的，但并不是任何的寒暄都能起到好的作用。不恰当的寒暄很可能会弄巧成拙。而寒暄的恰当与不恰当的关键在于话题的选择合适与否，凡是能引起对方兴趣的内容都适于做寒暄的话题。

贝尔纳·拉迪埃是空中客车飞机制造公司的销售能手，当他被推荐到空中客车飞机制造公司时，面临的第一项挑战就是向印度销售飞机。这是一项棘手的任务，因为这笔交易已由印度政府初审，但未被批准，能否重新寻找到成功的机会，全看销售代表的谈判本领了。

作为销售代表，拉迪埃深知肩上的重任。他稍做准备就立即飞赴新德里。接待他的是印度航空公司的主席拉尔少将。拉迪埃到印度，见到他的谈判对手后说的第一句话是："正因为你，我才有机会在生日这一天又回到了我的出生地，谢谢你！"

这是一句非常得体的开头语，它简明扼要，但是却蕴涵着丰富的内容。它表达了好几层意思：感谢主人慷慨赐予的机会，让他在自己生日这个值得纪念的日子来到贵国，而且贵国是他的出生地。这个开场白拉近了拉迪埃与拉尔少将的距离。不用说，拉迪埃的印度之行最终取得了成功。

拉迪埃靠着娴熟的销售技巧，为空中客车飞机制造公司创下了辉煌的业绩。仅在 1979 年，他就创纪录地销售出价值 420 亿法郎的 230 架飞机。这当中，当然少不了他善于寒暄的功劳。

寒暄是交谈的前奏，它的"调子"定得如何，直接影响着整个谈话的过程。因此，对寒暄绝不能轻而视之。寒暄的时候必须注意以下几点。

一、应有主动热情、诚实友善的态度

寒暄时除了合适的方式、语句，还需要具备主动热情、诚实友善的态度。只有把这三者有机地结合起来，寒暄的目的才能达到。试想，当别人用冷冰冰的态度对你说"我很高兴见到你"时，你会有一种什么样的感觉？推己及人，我们寒暄时不能不注意态度。

二、应适可而止

恰当适度的寒暄有益于打开谈话的局面，但切忌寒暄时间过长，没完没了。

三、善于选择话题

在寒暄时可以选择以下的话题开始。

（1）天气。

天气是中外人士最常用的话题。天气对于生活的影响太大了，天气很好，不妨同声赞美；天气太热，也不妨交流一下彼此的苦恼；如果有什么台风、暴雨，更值得拿出来谈谈，因为那是人人都关心的话题。

（2）自己闹过的有些无伤大雅的笑话，像买东西上当、语言上的误会等。

这一类的笑话，多数人都爱听。开开自己的玩笑，除了能够博人一笑，还会使人觉得你为人很随和，容易相处。

（3）医疗保健。

这也是人人都感兴趣的话题。新发明的药品，著名的医生，对流行病的医疗护理，自己或亲友养病的经验，怎样可以延年益寿，怎样可以增强体质，怎样可以减肥等话题，都能吸引人的注意力，而且也没有什么不好。特别在遇到朋友或其家人有健康问题的时候，假如你能向他提供有价值的意见，那他会对你非常感激。

（4）轰动一时的社会新闻。

假使你有一些特有的新闻或特殊的看法，那足以把一批听众吸引在你的周围。

（5）家庭问题。

关于每个家庭里需要知道的各方面的知识，例如儿童教育、购物经验、夫妇之间怎样相处、亲友之间的交际应酬和家庭布置等，也会使大多数人产生兴趣，家庭主妇们尤其关心这类问题。

当然，除了以上几点，还有许多东西可以作为闲谈的资料，比如运动、娱乐、政治等。

靠方法说服别人

人们常说这样一句话："说服人靠的不是技巧，而是一颗真心。"这话很有道理。诚意和真心是说服人的重要因素，谁都无法否认。但传达的方式不对，抑或是欠缺说服的技巧，还是照样行不通。所以，推销说服也需要有技巧。

美国费城电气公司的推销员在某州的乡村地区扩展业务，扩大用电客户的范围。一位推销员叫开了一所住宅大门，当户主老太太知道他是电气推销员后，居然把他关在了门外。

推销员再次叫开门，从老太太打开的一道门缝儿中热情洋溢地招呼道："太太，我不是来推销电的，我是来买些您家的鸡蛋的。"老太太半信半疑地打开门，望着推销员，推销员诚恳地说："我看见您养的鸡十分棒，准备买些鸡蛋回去烘蛋糕用。"老太太问他："为什么不远数里来此处买鸡蛋？"推销员回答说："买棕色鸡蛋做出的蛋糕才好吃好看，别处销售的只有白色鸡蛋。"推销员接着攀谈起养鸡的种种经验，并夸赞老太太养鸡的收入高。闻听此言，老太太十分开心，便让他进来参观鸡舍。这时，推销员才逐步深入主题。他告诉老太太，鸡舍里如果加强电灯的照明会促使鸡蛋高产。此时老太太对推销的反感已荡然无存。两周后，推销员就收到了老太太的申请用电表。

在说服人时掌握方法很重要，那么在说服人的时候都有哪些技巧呢？

一、以退为进法

说服是要坚持原则的，但是如果以为只有一直进攻决不后退才是坚持原则，这也是不妥当的。局部的后退是为了全局的进攻，适当地退让会让对方觉得你是通情达理的，这为你进一步说服创造了条件。

二、逐步递进法

一个聪明的妻子要说服丈夫戒烟，先动员他把每天抽两包以上减为每天一包，之后又说服他两天抽一包，直至完全戒烟。如果期望过高，实现时困难较大，可以把它分解成几个小目标，逐步推进，这样对方既容易接受，效果也更显著。

三、正反论证法

通过比较透彻、全面的道理赢得被说服者的信任，而且，也反驳了对方的观点，在逻辑上更显得无懈可击，也更具说服力。

四、情感激励法

要说服某人或某团体完成一项艰巨的任务时，情感激励法往往比一般的命令要有效得多。比如，学校决定把疏通校园角落臭水的任务交给某班，这任务比一般打扫卫生艰巨得多，该班同学对此不满。怎样才能说服他们呢？教师可以这样说：“你们知道校方为什么要把这个艰巨的任务交给我们吗？因为我们班是全校闻名的‘文明班级’，历次卫生检查都得满分。我相信，这次一定也不会辜负校方的希望，出色地完成这个艰巨的任务！”很显然，这样既保护了同学们的自尊，也燃起了他们的热情，从而达到了说服的目的。

总之，说服一个人是一项难度很大、技巧性很强的工作，不但要有耐心、真心，还要掌握一定的技巧，这样才能够将别人说服。

循序渐进地说服客户

一般的客户对推销都有一种抵触心理，所以很难一次性成交。这就要求推销人员在说服客户的时候，一定要逐步消除对方的抵触心理。但是消除对方的抵触心理并不是一蹴而就的事情，它需要有一个过程，需要循序渐进，慢慢地说服对方，使其最终接受你的意见。采用这样的方法来说服一个人不容易引起他的反感，可以有一个较好的说服效果。

在循序渐进地说服别人的时候，要注意以下几个方面。

1. 设法了解对方的想法。

曾经有一位优秀的管理者这样说过："假如客户很会说话，那么我已有希望成功地说服对方，因为对方已讲了七成话，而我们只要说三成话就够了！"事实上，很多人为了说服对方，就精神十足地去表达，说完了七成，只留下三成让客户"反驳"，这样如何能顺利圆满地说服对方呢？所以，应尽量将原来说话的角色改变成听话的角色，去了解对方的想法、意见，以及其想法的来源，这才是最重要的。

2. 先接受对方的想法。

当你感觉到对方仍对他原来的想法保持不变的态度时，此时最好的办法，就是先接受他的想法，甚至先站在对方的立场发言。“我也觉得过去的做法还是有可取之处，确实令人难以舍弃。”为什么要这样做呢？因为当一个人的想法遭到别人的否决时，极可能为了维护尊严，反而变得更倔强地坚持己见，排斥反对者的新建议。若是说服别人到这地步，争取到成功的希望就不大了。熟悉他们的心理症结，并加以防备，他们还有不答应的理由吗？

3. 让对方充分了解说服的内容。

有时，虽然有满腹的计划，但在向对方说明时，对方无法完全了解其内容，他可能马上加以否定。另外还有一种情形是，对方不知我们说什么，却已先采取拒绝的态度，摆出一副不会被说服的模样。如果遇到这种情形，一定要耐心地一项项按顺序加以说明。务求对方了解我们的真实意思。

以征询的方式促成销售

在推销过程中，令许多推销员困惑的是，他们不知用何种方法说服顾客购买产品。若一味推销，会令对方生厌。这里我们简单介绍一下“二择一法”和“连攻法”的应用，希望能给那些处在迷茫中的推销员一点启示。

一、二择一法

“二择一法”包括两个要素：一是将顾客视为已接受我们的商品或服务来行动；二是在这个前提下，用“肯定回答质询法”来向顾客提出问题。

“二择一法”的具体执行方法是，在问题中提出两种选择，任顾客自由挑选。

在应用“二择一法”进行销售的时候，话常常是这样说的：“先生，您喜欢黄色的那一件，还是喜欢蓝色的那一件呢？”“小姐，您看这两种护肤霜都是获奖新产品，不知您更喜欢哪一种，是‘天丽’还是‘青春’？”“太太，您看什么时候给您送货最恰当？是今天下午，还是明天上午？”“先生，我的说明已经完毕。我们什么时候签订合同呢？是明天，还是现在？”

这个方法的妙处在于，以质询的方式将选择的自由委之于顾客，不管是规格大小也好，颜色也好，数量也好，送货日期也好，让顾客任选一种。只要顾客答出其中一种，即可认定他已经决定接受了。

有人可能会说：“如果认为顾客只说黄色或那一件就等于接受，恐怕事情没那么简单！”的确如此。因此顾客说“黄色”或“那一件”时，并不代表顾客已决定购买了。但是，我们在促成阶段，就是要巧妙地诱导顾客一步步做出决定。如果顾客说“我要买这一件”，那当然求之不得，但对于很多人来说却是“你不促，他就不成”，“促”与“不促”，其效果有天壤之别。

在使用“二择一法”时，要注意提问的技巧，即同一个问题有许多不同的提法，而不同的提法中间有着微妙的差别。第一，所提问题中最好不要用“买”字。例如问：“您想买蓝色的，还是黄色的？”就不如问：“您喜欢蓝色的，还是黄色的？”这样，顾客便有主动参与感，觉得“是我自己选择的，而不是他们硬卖给我的”。第二，所提出的选择不要多于两种，而且这两种选择在促成之前已向顾客做过说明。如果提供的选择太多，致使顾客犹豫不决，虽不至于完全打消买意，但多少也会加大成交的阻力。第三，注意所提两个选择的先后排列次序。粗心的人往往误认为前后顺序对说话和听话的人没有影响，其实不然，请看下面的话并比较一下差异：

“物美价廉”与“价廉物美”；

“他不敢去又想去”与“他想去又不敢去”；

“那位小姐长得很美，但不温柔”与“那位小姐不温柔，但却长得很美”；

“那个工作很轻松，但收入太少”与“那个工作收入太少，但很轻松”。

一般说来，在两种选择中，说话的人将所希望对方采纳的选择放在后面，而听话的人一般也是这样领会说话人的意思的。例如，你家来了位客人，时近中午，如果你有意留他吃饭，你可这样对他说：“中午您是回去吃呢，还是在我这里吃？”如果你无意留客吃饭，便要这么说：“中午您是在我这里吃呢，还是回去吃？”对方一听也就明白了。

又如，当我们向顾客推荐一批货物，用二择一法促成。问道：“先生，这些货物是您今天顺手带回去好呢，还是由我们明天派车送到府上？”这种问法传递给对方的信息是我们对他的关心。如果这句话反过来说：“先生，这些货物是我们明天派车送到府上好呢，还是您今天顺手带回去？”顾客可能认为我们图省事，怕麻烦，一气之下“买意”全无，我们的生意也就因一句话而泡汤了。

二、连攻法

所谓“连攻法”，是指如果在促成之际，顾客提出拒绝、反对意见或逃脱的遁词时，我们不要被它影响，要照样积极热情，一而再、再而三地用各种方法去促成。只要有百分之一的成交机会，我们就要做百分之百，甚至百分之几百的不懈努力。但不能鲁莽行事，要讲究方式方法。“连攻法”实际上是连续攻心的方法，它的具体实施程序如下：

（1）先承认对方的立场是正确的，也就是说，先与对方肩并肩地站在一条战线上来看问题，其目的是达到彼此心理相容，缓冲“拒绝”情绪。

（2）把对方拒绝的理由，分解成若干个相互关联的小问题，并向对方提问，用以动摇他原来的立场。

（3）待顾客答话后，我们再婉转而清楚地说明自己的看法，并指出顾客的利益所在。这种做法的目的是把顾客接受我们商品这件事变成理所当然，而进一步促使对方下定决心。

（4）鼓励顾客提出不同的意见。在此基础上，赶紧促成交易。

这里有一个推销员向顾客推销煤气炉的例子。顾客已有购买意向，但在最后关头，发生了一些变故。

顾客：“240元钱一只，太贵了。”（拒绝的意思。）

推销员：“那您的意思是说，这炉子点火不方便，火力又不大，煤气浪费多，恐怕用不长，是不是？”（首先承认对方的立场，然后把对方的抽象立场转换成具体的有关商品本身的性能问题，因为这些是可以检验的。同时，商品的价格高低，只有与商品的性能联系在一起，才有个客观的标准。否则，何以为贵？何以为贱呢？）

顾客：“……点火还算方便，但我看它煤气会消耗很多。”（请注意，顾客的拒绝已从“价钱太贵”缩小到“煤气消耗太多”。）

推销员：“任何一个用煤气炉的人都希望能用最少的气，办最多的事，因此，您的担心完全有道理。但是，这种煤气炉在设计上已充分考虑到顾客的要求。您看，这个开关能随意调节煤气流量，可大可小，变化自如；这个喷嘴构造特殊，使火苗大小平均；特别是喷嘴周围还装了一个燃料节省器，以防热量外泄和被风吹灭。因此我看这种炉比起您府上所用的旧式煤气炉来，要节约许多煤气。您也是这样想的吗？”（针对对方“煤气消耗多”这一疑虑，用事实做了澄清，说得清楚、婉转。）

顾客：“……”

推销员：“您看还有没有其他的顾虑？”（这一句问话千万少不得，一个优秀的推销员不怕顾客开口发问，最怕对方不置可否。）

顾客：“……”

推销员用连攻法，终于促成这笔交易。

如果有人要问：“万一这么做还不能使对方接受的话，怎么办呢？”我们的回答是：“继续反复使用上面的方法，不达目的决不罢休。”这就是“连攻法”的奥秘。

实际上，我们所讲的“二择一法”“连攻法”，不过是推销过程中最常用的两种方法。现实生活中的推销术不胜枚举。但是，无论什么方法，都不是教条，都仅供参考，关键在于“运用之妙存乎于心”。

在推销中，具体应用哪种方法，完全没有任何限制，只要能促成交易就行。但在使用方法时有两点应注意：第一，一定要使顾客得到真正的满足；第二，把这次促成当作下一次或另一个促成的开始。

我们在促成交易后也有两件事不可掉以轻心：一是我们应该用巧妙的方法，祝贺顾客做了一次明智的选择，并再一次指导顾客怎样正确保管和使用产品，重复交货条件的细节和其他一些注意事项，防止顾客后悔。二是如果我们是访问推销，在促成之后，或者在签订了有关的合同之后，我们不应马上离开。因为如果我们匆忙离开，就会给人留下一种夺路而逃的印象，使顾客心里忐忑不安。他会不由自主地问自己："我这样做对吗？是不是上了他的当了？"常常发生这样的情况：推销员刚一接到订单，顾客却马上要求撤销订单。在顾客对合同后悔的情况下，促使顾客履行合同是一件极其困难的事。因此，我们不但要知道如何正确地开始谈话，还要知道如何圆满地结束谈话，不但要寻找最好的时机去拜访客户，还要掌握火候在适当的时候离去。

把斧头推销给总统

一个顶尖的推销员最优秀的素质就是要有强烈的成交欲望。把一把斧头推销给总统，你能做到吗？在美国，有一位推销员做到了。

美国有家商学院布鲁金斯学会，该学会创建于1927年，是世界上最权威、最有影响力的推销员组织。它有一个传统，每期学员毕业时，设计一道最能体现推销员能力的实习题，让学员去完成。完成任务的学员将获得一只刻有“最伟大的推销员”的金靴子。克林顿当政期间布鲁金斯学会给该期学员出的题目是：请把一条三角裤推销给总统。8 年间，无数学员为此绞尽脑汁，却无功而返。克林顿卸任后，题目被改成：把一个旧式的砍木头的斧子，销售给现任的美国总统小布什。

鉴于前8 年学员们的失败，许多学员垂头丧气，个别学员甚至认为，这道毕业实习题会和克林顿当政期间一样徒劳无功。因为布什总统什么也不缺，再说即使缺少，也用不着他亲自购买；再退一步说，即使他亲自购买，你也不一定能恰巧赶上去推销。

然而2001 年5 月20 日，美国一位名叫乔治·赫伯特的推销员，将一把斧头成功地推销给了小布什总统，获得了布鲁金斯学会的“金靴子”奖。这是自1975 年以来，该学会一名学员成功地把一台微型录音机卖给尼克松后，又一学员获得如此高的荣誉。

把斧头推销给总统，这是一件很难的事。在布什总统刚刚上任的时候，这名推销员经过精心策划，向他发出了一封信，信中这样写道：“尊敬的布什总统，祝贺你成为美国的新一任总统。我非常热爱你，也很热爱你的家乡。我曾经到过你的家乡，参观过你的庄园。那里美丽的风景给我留下了难忘的印象，但是我发现庄园里的一些树上有很多粗大的枯树枝，我建议您把这些枯树枝砍掉，不要让它们影响庄园里美丽的风景。现在市场上所卖的那些斧子都是轻便型的，不太适合您，正好我有一把祖传的比较大的斧子，非常适合您使用，而我只收 15 美金，希望它能够帮助您。”

布什看到这封信以后，立刻让秘书给这位学生寄去15 美金。于是一次几乎不可能的销售实现了，一个空置了许多年的天才销售奖项终于有了得主。为此，布鲁金斯学会开了一个表彰大会，评论乔治·赫伯特道：“这个人不会因为某一目标不能实现而放弃，不会因某件事难办而失去自信！”会上，主持人意味深长地看着参加会议的所有来宾，然后指了指身边其貌不扬，有些腼腆的乔治说：“你们好好地瞧瞧他吧，有没有发现乔治有什么特别之处？难道他比你们聪明100 倍吗？不，至少根据我的观察，他完全不是。我可以实话告诉你们，有关测验显示他比你们都要平庸。”接着主持人又说：“那么，是乔治工作努力的程度比你们多100 倍吗？事实上，他所花费的工夫比你们大多数人要少得多。”这时候，全场鸦雀无声，人们完全被这一席话震住了。

“是乔治和布什家族有什么渊源吗？是因为乔治教育背景显赫吗？”全场一片寂然，等待着一个石破天惊的答案。主持人语重心长地说：“其实他与你们一样平凡，那么乔治的销售魔力是什么呢？我的结论是，乔治与你们的不同之处在于乔治的思想比你们的思想大100倍。”

门店销售必须注重的细节

门店销售是所有销售环节的末端，在整个销售体系中有着举足轻重的作用。产品销售就看这临门一脚了，可以说门店导购员的销售能力的强弱直接影响到商品的热销程度。

很多人都有这样的习惯，当他和很多朋友到商场或专卖店购物时，会自觉不自觉地打心里喜欢某个门店或不喜欢某个门店，甚至他还会将这种感觉传染给同行的伙伴们，这是个潜意识行为。这是为什么呢？这主要受门店装潢，还有门店的导购员在售卖商品的过程中给顾客留下的印象的影响。顾客一进店就可以感受到门店的销售氛围，并对导购员迎接服务进行评分。

经过专家认证，如果顾客对门店的第一印象比较满意，就会将这种好心情保持20分钟左右，这个时间足以让导购员进行商品介绍了。如果第一印象不满意，那么顾客对门店的不好印象就会持续40分钟左右，那么接下来的工作会很难做。由此可见门店的导购员在迎接顾客时的第一印象相当重要。

一、用请求型语气取代命令型语气

“到这边看一下！”（命令型语气）

“你试一下！”（命令型语气）

“请（麻烦）您到这边看一下！”（请求型语气）

“请(麻烦)您到试衣间试一下,看是否合身！”(请求型语气)

我们的一些导购员在售卖的过程中有时没有注意到自己在同顾客沟通时的语气，这些命令型语气带给顾客的强迫性，会让顾客心里感觉不舒服。所以导购员在日常售卖过程中要尽量少使用命令型语气，而改用请求型语气，如用“麻烦您”“请”等。

二、拒绝时将对不起跟请求并用

“我们这商品是不打折的！”（错误）

“真的很抱歉，我们这商品都是正厂出品，明码标价的，商品的质量是完全有保障的，您关心的不也是商品的质量吗？”（正确）

“那款我们还没有到货！”（错误）

“很抱歉，这款确实非常流行，不过我们可以想办法帮您订货过来。”（正确）

使用拒绝型的语句通常将顾客的要求拒之门外，给顾客造成一种没得商量的心理。而使用“对不起”等语句时，让顾客有一种受尊重的感觉，虽然你的要求我们满足不了，但我们可以满足你的其他要求。

三、不下断语，要让顾客自己决定

“这款很适合您，我看您就选择这款吧！”（错误）

"这款穿在您的身上显得您气质高雅，那款就显得您非常亮丽青春，这只是我个人意见。"（正确）

顾客中意某款商品，可有时又拿不定主意，于是可能就会来咨询我们的导购员，询问到底该选择哪一款，这时导购员常犯的一个错误，就是自作主张地给顾客一个肯定的信息。若是顾客到家里一穿，有很多不同的意见，那时这名顾客有可能就会对导购员不满，记住并不再光顾这家门店。

导购员可以给出个人意见，但最终让顾客自己做决定，这样就算出了问题也是顾客自己的选择。

出奇制胜的推销术

推销员的思考模式以及应对技巧，必须异于常人，方能出奇制胜。不管你如何推销，最重要的就是了解你的顾客。如果顾客和你接触时，能放松心情，而且因为占用你的时间而觉得有所亏欠的话，那么，你离成功也就不远了。

一、"7+1"成交法

所谓"7+1"成交法，就是你设计一系列的问题，而每一个问题都必须让客户回答"是"等肯定的答案。比如："先生，我们在你们的社区附近做一些有关教育的调研，请问我可以问一下您对教育的看法吗？”

“可以。”

“请问您相信教育和知识是一件有价值的事情吗？”或“请问您相信教育和知识的价值吗？”

“相信。”

“如果我们放一套百科全书在您家里，而且是免费的，只是用来做展示，请问您能接受吗？”

“可以。”

“请问我可以进来向您展示一下我们的这套百科全书吗？我不是想把这套百科全书卖给您，我只是希望把这套百科全书放在您的家里，当您的朋友看到这套百科全书时，如果他们有兴趣，您只要将我们的联系电话告诉他们，请他们和我们联系，这样可以吗？”

“可以。”

……

心理学家统计发现，如果你能够持续问对方六个问题而对方连续回答六个“是”，那么，当第七个问题或要求提出后，对方也会很自然地回答“是”。

二、对比说服法

以下用一个例子来说明对比说服法。一位草坪修剪工讲起了他在底特律郊区和一些家庭主妇打交道的事情。

当一位主妇说她必须先和丈夫商量时，他问她：“夫人，您每星期采购零杂用品要花多少钱？”

“哦，大概 250 美元吧。”她回答。

“您是不是每次去超市都要和您丈夫商量呢？”他又问。

“当然不会。”她说。

“那您每年光是采购这些零杂用品就将近得花 1.2 万美元，那可不是一笔小开销啊。我注意到您说并没有征求您丈夫的意见，而我们现在谈到的仅仅是一个 200 美元的决定，所以我相信您丈夫不会介意您做主的，对吧？”

然后，他又趁热打铁地说：“我星期三来替您家修剪草坪，您看上午合适还是下午合适？”

“那就下午吧！”

这位草坪修剪工用“对比”推销术轻易地说服了有抗拒心理的家庭主妇。

三、将心比心法

许多顾客做事很有耐心，不把事情弄清楚决不往前踏一步，没有考虑清楚时决不做出决定。这时候，推销员最好强调自己与顾客站在同一条线上，你是为他着想的，代表的是他的利益。这时，顾客便容易被说服。

房地产营销技巧

近年来，房地产行业蓬勃发展，房产销售成为一个热门职业。由于房产需求来源于客户，争夺的对象也是客户，因此，房地产营销就不能不研究客户了。

从理论上讲，客户既是顾客，也是未来的业主。营销运作的结果，就是主客易位的过程，也就是让顾客从购买者变成所有者。这种转变使我们获得了收益，同时，也创出了品牌，占领了市场。从这个意义上讲，顾客就是上帝。

八次荣登美国《福布斯》杂志，两度被其评为世界首富的日本企业家堤义明讲了他爷爷的故事：一个乞丐来买包子，他亲自收钱，亲自给包子。别人问他为什么不为那么多经常光顾店面的老顾客亲自服务？他说，有正常经济能力的人来买包子，是很正常的事。一个乞丐攒了钱来买包子是极不容易的事，因此，我要亲自服务。那么，为什么不送给他呢？他说，他本来是乞丐，但今天就是顾客，他需要的不仅仅是几个包子，同时也需要得到顾客的尊重，如果不收钱，反而会羞辱了他。他最后讲了一句至理名言："我们的一切都是顾客给予的。"

那么，要如何对待购房客户呢？通过类型、特征来划分，我们将购房客户分为以下几类。

一、理智稳健型（40 岁左右）

客户特征：考虑问题深思熟虑、冷静、稳健，不易被推销员言辞说动，认为有疑点的地方一定要搞清楚。

应对措施：加强产品品质，突出公司性质、实力、独特优点，出奇制胜。有理有据，虚心解决问题。

二、热情冲动型（年轻男性较多）

客户特征：天性爱激动，易受外界怂恿和刺激。

应对措施："趁热打铁"，这样做成交率较高。

三、沉默寡言型

客户特征：出言谨慎，外表反应冷漠。

应对措施：热情引导，以诚恳的态度拉近彼此距离。

四、优柔寡断型

客户特征：犹豫不决，反反复复。

应对措施：从"我"的角度坚决地给他自信，让他慢慢产生依赖感，帮他分析，并做决定。

五、喋喋不休型

客户特征：过分小心，想用言语说服你。

应对措施：取得信任，加强产品信心，适当引导，适用快刀斩乱麻。

六、盛气凌人型

客户特征：趾高气扬、拒人于千里之外，外强中干。

应对措施：不卑不亢，保持原态，寻找弱点。

七、求神问卜型

客户特征：做决定之前找风水先生，决定权取决于别人。

应对措施：不要否定他的世界观，以现代观点配合其风水观；适时提醒他一下，可接触了解；先肯定再否定，否定时强调其价值。

八、畏首畏尾型

客户特征：前怕狼后怕虎，缺乏经验，反复忧虑一个问题。

应对措施：有力的业绩品质和保证，强调肯定，使其不会产生其他想法，消除顾虑。

九、神经敏感型

客户特征：悲观，什么事都能刺激他。

应对措施：慎言、多听，重点严肃说服。

十、斤斤计较型

客户特征：心思细腻，什么都想要，想占便宜。

应对措施：要用气氛催他尽快做决定，马上调价，强调现买有优惠。

十一、借故拖延型

客户特征：个性迟疑，推三推四。

应对措施：追询客户不做决定的真正原因，辨别是路过闲人，还是做市场调研的人。

第四章

论辩的技巧与方法

在论辩中，基本要求就是使人对事物的是非、因果、异同、利弊、联系等有一个清楚的了解与认识，使人明白事实的真相。因此，论辩中要战胜对方，基本的战术和首要的办法就是辩明。

论辩贵在思维敏捷

在论辩中，常常会出现对方发话而自己一时答不出来的语塞现象。有时候，论辩中明明发现对方的漏洞，由于自己的思维一时跟不上来，构思不及时，形成不了有条理、有说服力的语言，找不到合适的反击词锋，于是只能像煮在茶壶里的饺子——倒不出来。更气恼的是，机会稍纵即逝，当你已想出了对方的谬误所在及己方的补救方法时，你苦思冥想得来的对策在此时的环境下其实已经失去了存在的意义。

这就说明，一个人的论辩，其语言形式固然非常重要，但就其实质而言，其论辩思维更为重要。只有当论辩思维清晰敏捷，相应的语言反应才会有速度、有力量。一个人如果在论辩中思维速度跟不上对方的思维速度，那就只能被对方牵着鼻子走。

清朝乾隆年间，宁波天童寺有个当家和尚名叫圆智，能言善辩，远近闻名。

有一次，乾隆皇帝只身微服南下，来到宁波后，便独往天童寺。圆智闻知此事，马上下到山脚，笑迎乾隆皇帝，并双手合十躬身轻声道："小僧天童寺住持圆智接驾来迟，请万岁恕罪。"

乾隆听说此人就是有名的善言和尚圆智，想先给他一个"下马威"，便把面孔一板，厉声问道："你既知朕躬身到此，为何不率众僧，大开山门，跪接圣驾？你这轻轻一揖，莫非有意亵渎圣躬？该当何罪？"

圆智不慌不忙地说："小僧岂敢亵渎圣躬，只因这次圣上南巡，乃是微服私访。小僧要是劳师动众，唯恐引起游人瞩目，有碍圣上安康，故独自一人在此恭候。"

乾隆听他说得合情合理，只好说："恕你无罪，前面带路便是。"一路上，乾隆又道："大和尚，今日朕躬身上山，你能不能拿我作个比方？"

圆智闻言，暗自思忖："这可不好比。要是比得不好，全部都得遭殃。"但他忽然脑子一转，笑着说："万岁爷上山，好比佛爷带你登天，一步还比一步高。"乾隆一听，心里不是滋味：圆智自比佛爷，占了自己的上风，但又无可指责，只好暂时作罢。

两人来到天王殿，只见弥勒佛喜眉笑眼地迎面而坐，乾隆的点子来了，便指着弥勒佛问圆智："请问大和尚，他为何而笑？"

圆智答道："启禀圣上，他是在笑贫僧命运乖蹇，身入空门，终日青灯木鱼，碌碌无为。”

乾隆一听，心中暗喜，这下子给我抓住把柄了，又问道：“他也在对我笑，照你所言，他也在笑我碌碌无为了？”

圆智面对乾隆咄咄逼人的发问，不慌不忙地应答道：“哪里哪里，佛爷对不同人的笑有不同的意义。他对万岁爷迎面而笑，是笑您为万民操心，以国事为重，不像凡夫俗子，气量狭窄。”这笑里藏刀的一番话，乾隆心中自然明白，但又无懈可击，不好发作。

乾隆离寺时，圆智送他下山。走到半山腰，乾隆想起上山之比，想再难为一下圆智，便说：“我上山时，你说我一步还比一步高，现在我正在下山，你又该怎么说呢？”说完，他得意地看着圆智，谁知圆智稍思片刻，即从容答道：“如今好比如来佛带万岁下山，后头更比前头高啊！”

“啊！”乾隆一听，目瞪口呆。

在这里，圆智面对乾隆皇帝的“下马威”，应对自如，除了他才思敏捷，也与他善于根据需要变换角度而随机应变有直接的关系。

“横看成岭侧成峰，远近高低各不同。”在论辩中也一样，对同一个问题，选取的角度不同，得出的结果也不一样。从一个角度说不圆的事理，或许从另一个角度能把它说得令人信服。这完全在于论辩者的灵活应用了。

思维敏捷与语言形式巧妙地结合在一起就能出其不意地占领论辩的制高点，从而居高临下，克敌制胜。其实，在论辩中，思维速度也就是说话速度，思维快速也就是构思快速，这种构思方法常常在论辩中拥有很好的用处。要熟练运用好它，需注意如下两点。

（1）思维的敏捷性表现在能够迅速地对外界刺激做出反应，迅速意识到问题的症结所在并找出问题的解决方案。

（2）快速构思需要大量的感性材料做基础。很显然，这就需要平时知识积累有一定的广度和深度。如若不然，你会在谈话中陷入思维空白状态，使得自己的语言在他人面前相形见绌。

知彼知己，攻守有度

论辩场上，常常是唇枪舌剑，寸理力争，一方取胜不仅决定于阐述的道理，也在于所使用的论辩技巧。因此，研究和提高论辩的艺术技巧是十分必要的。

一、明辨是非

墨子说过：夫辩者，将以明是非之分，审治乱之纪，明同异之处，察名实之理。处利害，决嫌疑。意思是说，论辩就是要弄清是非界限，考察治乱的原因，懂得同一和差别的客观根据，考察概念和事物的关系，权衡利弊得失，解决心中的疑惑。列宁也说，在辩论中，更要冷静地分析论据，更详细、更简明地说明事实真相，这样，也只有这样，才能保证获得绝对的胜利。可见，论辩的基本要求就是使人对事物的是非、因果、异同、利弊、联系等有一个清楚的了解与认识，使人明白事实的真相。因此，论辩中要战胜对方，基本的战术和首要的办法就是辩明，使对方明白。

（1）分析立论理由。

分析理由的内涵，使之条理清楚，主次分明，以证明自己观点、理由的正确，显示自己立论的严谨。

（2）表明立论根据。

把立论的根据、理由讲清楚，把论据特别是事实论据说明白，以释疑惑，显示自己立论的确凿无误。

（3）辩证对方是非。

指出对方论据的不真实、似是而非、歧义丛生。

二、静观其变

采取守势，坚守自己的主张与论点是一种以逸待劳的论辩技巧。运用中的一般方法如下：

（1）加固自己的“堡垒”，转移对方攻势。

坚持自己立于不败之地的原则与观点，令对方久攻不下，攻势渐弱渐缓；也可采用适当方法转移对方攻势，即转移对方的攻击方向、攻击对象，使其由正面进攻转为侧面进攻，由实质性问题转入枝节性问题，从而使对方攻势减弱。

（2）连续质问对方，己方以逸静观。

即采用多提问题的方法，实行自卫，尤其是多提一些难题。向对方连连质问，使对方忙于筹思应答，不暇进攻，而己方则以逸待劳，静观其变，伺机反击。

（3）抓住有利论题，防止对方胡搅。

论辩中，应防止对方转换论题，力求使论辩紧紧围绕中心论题进行。如对方将论题转换到对方所长、己方所短的论题上，显然于己方不利；又或是对方用转换论题，甚至胡搅蛮缠来掩饰自己的失误与疏漏，也会给论辩造成严重阻碍。因此，在论辩中，遇到对方有意转换论题时，应当及时指出，迅速纠正。

先发制人的论辩术

先发制人的攻击性论辩技巧可以分为正面攻击、侧面攻击、包围攻击、迂回攻击等。正面攻击，指直接驳斥对方的论点，尤其是中心论点；侧面攻击，指从侧面驳斥对方的论据或指出对方论据逻辑上的毛病；包围攻击，指对对方中心论点周围的分论点及论据逐一进行驳诘，最后推翻对方的核心立论，全面否定对方的命题；迂回攻击，指远距离地攻击，如从挑剔对方的论辩态度不妥或论辩风度有失开始诘难，进而抓住对方的论辩企图，深入进行驳诘。

下面介绍几种具体的进攻论辩技巧。

一、诱其说“是”

“苏格拉底式问答法”在论辩中有其特殊的功效，即诱使对方多说“是”。通常情况下，那些老练的心存戒备的对手是不会轻易说出“是”的。

诱使对方说“是”的方法是，论辩开头切勿涉及有争议的观点，而应顺应对方的思路强调彼此有共同语言的话题，从对方的角度提出问题，诱使对方承认你的立场，让对方连连说“是”，与此同时，一定要避免让他说“不”。

二、巧析岔题

在论辩中一旦发现对方把话题岔开，你不必打断，应立即分析其用心。一般说来，岔题的出现，或是由于一时不慎，或是由于突然联想起另一件事，或是有意把话题转到另一方向。如果是第一种情况，对方说不了多久，就会自己发觉而显露窘态；如果是第二种情况，他一旦醒悟就会很快地回到原来的话题上；如果是第三种情况，对方会继续朝着岔开的话题说下去，毫无“回心转意”迹象。你就可据此推断出他是有意扭转论辩的方向，从而立即采取相应对策，避免对方的伎俩得逞。

三、借题发挥

在论辩中，当己方受到攻击时，可以不直接从正面答辩，而借助对方提供的话题进行还击，从而改变论战的局势。这种对策的关键在于一个“借”字，能否借为己用，决定于论辩者的论战经验和思辨能力。

四、逼其亮底

对形状不全的图形或半截子话所做的解释，可以显示人的性格和内心的状态。利用这个方法所做的测验叫“投影法”。在论辩中，你可运用“投影法”逼对方亮底，即把话说到一半就故意停下来，然后让对方接下去说。如：“这么说，你的意思是……”“如此说来，这个论点是……”“照你的话说，它的意思是……”当你用这些半截子话去诱发对方时，对方十有八九会不假思索地把这句话按他的意思说完，这时，你就轻而易举地又多了张“底牌”。

自信者的语言有力量

论辩者应具有多种良好的心理素质。自信是论辩者必须具有的良好心理素质之一。论辩时，自信己方必胜，对方必败，拥有战胜对方的勇气，才能用语言的力量征服对方。

彭倚云是世界著名的行为治疗专家阿加尔教授的博士研究生。这个令人羡慕的经历正是彭倚云借助语言的力量取得的。在面试时，师生激烈争论了两个小时。

阿加尔教授咆哮如雷："……你认为你可以说服我吗？"

"当然不一定，因为我还没有出生时，你就已经是心理医生了。"彭倚云毫不示弱，她响亮地答道，"只有实验本身能说服你或者我，但是如果没有人来做这些实验，那就永远不会有人知道我与你谁对谁错。"

"就凭你那个实验方案？我马上可以指出它不下十处的错误。"

到这时，双方的争论火药味十足，看来很难继续下去。

彭倚云接着说："这只能表明实验方案还不成熟。要是你接受我当你的学生，你自己可以把这个方案改得尽善尽美。"

"你想让我指导一个反对我的理论的研究生吗？"

"我是这样想的。"彭倚云笑了起来，"经过这两个小时的争吵，我知道牛津大学是不会录取我了。"

"最后我问你，"阿加尔教授在倔强自信的彭倚云面前渐渐让步了，"为什么你要选择行为治疗这一科目？为什么要选择我做你的导师？"

"因为你在那本书里曾写道：'行为治疗的目的是给予在心灵上备受痛苦的人一个能回到正常生活的机会，从而享受正常人应有的幸福和权利。’老实说，你书里的其他话我不一定赞成，可这句话我能给予全心全意的赞同。”

“为什么？”

“因为我知道不能做正常人的痛苦，也曾看见许多人失去了正常生活的权利而痛不欲生。我觉得行为治疗能让心灵畸形的人重新做正常的人，不再忍受精神折磨。在这一方面，我完全赞同你的看法，也许我们的分歧只在于怎样才能更好地进行这种治疗。”

最后，这位四五年才收一名研究生的教授被彭倚云的自信、雄辩征服了，而彭倚云也靠着自己的见解和辩才做了阿加尔的学生。

上例中双方的论辩气氛紧张，双方都试图说服对方。彭倚云凭自己高超的说话水平和自信以及不屈不挠的精神，令阿加尔教授认同和接受了她。

逆向反驳，攻其不备

在论辩的即兴演讲中，在很多情况下不能直接找到对方的破绽。这时，我们就需要静观其变，以守为攻，灵活变换进攻的方位，攻其不备。逆向说理就是一种很好的反驳思路。

逆，顾名思义，是指方向相反。逆向说理的思维方式就是一反常情、常理、常识、常规、常论、常法等思考问题的方式，跳出“常规定式思维”的圈子，向相对、相反的方向和角度进行思考。此法用于论辩，是指论辩者善于从截然相反的角度去思考问题，提出与众不同的独到见解的一种思维方式。

战国时期，吴起在魏国当了将军之后，和待遇最低的士卒穿一样的衣服，吃一样的饭，睡觉不铺席子，行军不骑马，自己携带粮食，为士卒分担劳苦，深得士卒的拥护和爱戴。

有一回，在吴起军中，一位士兵得了毒疮，吴起知道了，就用嘴为他吸脓，其爱兵之心感动了整个军队。然而，那个士兵的母亲听到这个消息后，却放声痛哭。人们不知其故，奇怪地问她：“你儿子不过是一个最底层的小士卒，人家一个将军不惜屈尊为他吸脓，你还哭什么啊！”那位母亲回答道：“你不知道，以前吴将军曾替这孩子的父亲吸过脓，他父亲打起仗来就奋不顾身，从不后退，最后死在了战场上。现在吴将军又给我儿子吸脓，我老婆子不知道这孩子又会死在什么地方了，所以才哭啊！”

将军爱兵如子，和士兵同吃、同睡、同行军、同甘共苦，以德树威，这样在军队中产生了巨大的精神力量，打起仗来，士卒一个个奋不顾身，英勇杀敌，这样的军队当然无往而不胜，无坚而不摧。

听闻吴将军亲自为儿子吸脓疗伤，老母亲应该感到的是安慰，将儿子送到这样一位“爱兵如子”的将帅帐下，儿子在生活上就不会有什么困难。然而老母亲没有这样认为，她结合自己丈夫因受惠于将军，最后在战场中奋不顾身、宁死不退的事情，推测儿子也会出现类似的情况，因而号啕痛哭。这位老母亲思考问题时正是运用了反常的思维方式，让人不得其解，答案和结果又在情理之中。

逆向反驳在即兴论辩时，有时要单刀直入，有时又要巧于迂回，避实就虚，即避免直接接触正题，采取各种方法，迂回地表达主题，使对方不知不觉地接受辩者的观点。

唐朝有一位县令爱画虎，但总画得像猫。他每每画毕总要手下人评论，说画得好，他会高兴；说画得不好，他便惩罚。

有一次新来了一位年轻的差役，口齿伶俐。这天，这县令又画了一幅虎，要他评说。

“老爷，我有点怕。”差役战战兢兢地回答。

“哎哟，怕什么，别怕，老爷我就什么也不怕。”

差役说：“老爷，您也怕。”

“什么？老爷我也怕，我怕什么？”

“怕天子。老爷，您是天子之臣，当然怕天子呀！”

“唔。”县令语塞，“对，老爷怕天子。可天子就什么也不怕，嘻嘻，对不对？”

“不，天子怕天。”

“怕天？哼，有道理。”县令来了兴趣，追问差役，“那么，老天爷又怕什么？”

“怕云，怕云遮天。”

“云又怕什么？”

“怕风。”

“风怕什么？”

“风怕墙。”

“墙又怕什么？”

“怕老鼠，老鼠打洞。”

“有道理。我再问你，老鼠它怕什么呢？”

“老鼠最怕它。”年轻的差役指着画一本正经地说。

老鼠怕猫，老爷画虎如猫，差役没有直说，而是巧妙地采用了迂回进攻的方法用另一种形式指出来，县令当然心知肚明，但也无可奈何。

逆向思维，常借助快速变换思路、灵活改变说话的角度，迂回进攻，想常人不敢想，说常人不敢说，变化多端，使人难以预测而出奇制胜。其结果常出人意料，但又在情理之中。

学会适时转换话题

在即兴论辩过程中，场上常常会出现双方坚持己见、互不相让的情形。由于双方针锋相对，互不相让，持续抓着原话题进行论辩，有时会陷入论辩双方相互僵持的局面，使论辩变得毫无趣味，空耗人力，有时还会使一方陷入窘境。这时双方或一方就需要巧妙地转换话题，使双方的论辩在“山重水复”之际，重新转入“柳暗花明”的境况。

转移话题是指把原来的话题岔开，巧妙地引入其他话题，绕开论辩双方出现的锋芒和暗礁。

20 世纪 70 年代中东战争期间，美国国务卿基辛格率领美国代表团前往埃及与总统萨达特进行和平会谈。会谈一开始，萨达特寒暄了几句以后，就让基辛格看了一个“埃及—以色列脱离接触计划”。然后萨达特吸了一口烟，征求基辛格的意见，要他表态。

针对此计划，以色列要做很大让步而埃及的交换条件又含糊其辞，所以基辛格不能同意。精明老练的基辛格说：“在我们谈判手头的事务以前，可否请总统告诉我，你是怎样设法在十月六日那天如此成功地发动了那次令人目瞪口呆的突然袭击的？那是个转折点，我们现在所做的事，从某种意义上说，是这个转折点的必然结果。”

萨达特眯着眼睛，又吸了口烟，微笑着，放弃了要基辛格对计划表态的要求，而是应基辛格之求，兴致勃勃地讲起了那次袭击。

基辛格在此巧妙地岔开话题，把话题焦点转入到对方有成就感的事件上来，满足了对方的虚荣心和自信心，使对方心情愉悦，谈兴十足，进而暂时回避了对方所想听到的表态。

话题转移法作为论辩中使用的诡道思路之一，其关键在于一个“巧”字，要善于顺着对方的话锋或抓住对方的心理，巧妙地将论辩的主题转移。

以其人之道还治其人之身

在论辩中我们常常可以仿拟对方说话的内容或思路，拟造一个与对方话语结构相同，但意义与攻击方向相反的例子来对付对手，以其人之道还治其人之身。

这种论辩的思路主要是利用事物之间存在着一种环环相扣的必然联系，比如甲现象必然与乙现象有关，乙现象又必然会引出丙现象。在一系列环环相扣的条件下，通过第一个条件可以得出另外一个意义相反的条件，用以制服对方。

明朝时，南昌宁王朱宸濠自恃是皇族后裔，一天到晚只知道吃喝玩乐。有一次，他的一只挂着有“御赐”两字的金牌的白鹤独自跑到街上，被一条狗咬死了。朱宸濠气得暴跳如雷，说道：“我这白鹤是皇上赐的，脖子上挂着‘御赐’金牌，谁家野狗竟敢欺君犯上，这还了得！”

当即，他命令家奴把狗的主人捆绑起来，送交南昌知府治罪，给他的白鹤抵命。当时南昌知府名叫祝瀚，对宁王府的胡作非为很是不满，就对宁王府的管家说：“既然此案交我处理，请写个诉状来。”

管家耐着性子，写了个诉状。祝瀚接过诉状，立即命令衙役捉拿凶手归案。

管家忙说：“人已抓到，就在堂下。”

祝瀚故作惊讶地说：“状纸上明明写着凶犯乃是一条狗，本府今日要审狗，你抓人来干什么？”

管家气急败坏地道：“那狗不通人言，岂能大堂审问？”

祝瀚笑道：“贵管家不必生气，我想只要把诉状放在它面前，它看后低头认罪，也就可以定案了。”

这时，管家跳了起来说：“你这个昏官，走遍天下可有哪一条狗是识字的呢？”

祝瀚严肃地说道：“如果狗不识字，它也就不能认识白鹤脖子上的金牌；如果狗不认识白鹤脖子上的金牌，也就谈不上什么欺君犯上；如果狗不是欺君犯上，就不能处治狗的主人。”

几句话把管家说得哑口无言，只好作罢。

在这个故事中，祝瀚以狗不识字不存在欺君犯上为由，论辩不能治其主人的罪，把条件一层层分析透彻，最后辩倒管家。在此过程中，祝瀚只是反向地利用了管家的观点，仿拟他的思路而展开的。

在运用仿拟这一思路反驳时，我们可以不去考虑所使用的表述结构是否正确，是否有效，只要与对方的表述结构相同，就能够得到对方的认同，收到绝好的反击效果。因为仿拟只在于“破”，而不在于建立自己的论说体系。

有一个小男孩在面包店买了一块两便士的面包，他觉得面包比往常买的要小得多，便对老板说：“你不认为这块面包比往常的要小一些吗？”

“哦，没关系。”老板回答道，“小一些，你拿起来就轻便些。”

“我懂了。”男孩说着，就把一个便士放在柜头上。正当他要走出店门时，老板叫住他：“喂，你还没付足面包钱。”

“哦，没关系。”男孩有礼貌地说，“少一些，你数起来就容易些。”

在这则故事中，男孩并没有直接说出老板的回答是强词夺理，而是不动声色地将对方的思路为己所用，用对方的方法攻击对方，达到了以其人之道还治其人之身的目的。

论辩中巧用谐音

在现实生活中，说话时巧用谐音，可以化平淡为神奇，取得出人意料的效果。在谈判当中，巧用谐音也有很大的效用。谐音法的运用大致有如下几种形式。

一、婉言批评

在特殊情况下，不愿明言指责，运用谐音法可达到委婉批评的效果。

二、谐音讽刺

运用谐音法，可对不便明说的丑恶现象和人物进行讽刺鞭笞。

辛亥革命后，清帝退位，国民改呼“皇帝万岁”为“民国万岁”，人们以为从此天下太平，而事实却是军阀混战，贪官盛行，民不聊生。撰联大师刘师亮编出“民国万税，天下太贫”的对联，其讽刺效果可谓入木三分。确实，民国不能“万岁”，却有“万税”，天下不大太平，只有“太贫”。

三、谐音表态

利用交谈语言中某个字的谐音关系，可委婉地表明自己对某人或某件事的态度。

郑板桥在潍县做县令时，逮捕了一个绰号“地头蛇”的恶棍。恶棍的伯父和舅舅(与郑板桥是同科进士)带着酒菜连夜登门求情。在酒席上，进士提出要行个酒令，并拿起一个刻有“清”的骨牌，一板一眼地吟道：“有水念作清，无水也念青，无水添心便念精。”郑板桥更正道：“年兄差矣，无水添心当念情。”进士听了大喜，郑板桥突然感到中了计，紧接着大声说道：“酒精换心方讲情，此处自古当讲清，老郑身为七品令，不认酒精但认清。”那两人见状，只好告辞。

这里，这位进士巧用谐音求情，而郑板桥却妙用谐音变化表明了为官一身清、决不徇私情的态度。

四、谐音还击

运用谐音法，可对某些不恭的言行给以巧妙还击。

唐朝宰相杨国忠，嫉恨李白之才，总想设法奚落他一番。一日，杨国忠想出一个办法，就约李白对三步句。李白刚一进门，杨国忠便道：“两猿截木山中，问猴儿如何对锯？”“锯”谐音“句”，“猴儿”暗指李白。李白听了，微微一笑，说：“请宰相起步，三步内对不上，算我输。”杨国忠想赶快走完三步，但刚跨出一步，李白便指着杨国忠的脚喊道：“一马隐身泥里，看畜生怎样出蹄！”“蹄”谐音“题”，与上联对得很正。杨国忠本想占便宜，却不想反被李白羞辱了一番。

五、谐音转换

这里指用关键字的谐音转换成另一个意义的词语，用新的语义掩盖原来的语义。

有个住旅店的人，一觉醒来，发现自己的五十两银子不见了，而这一晚旅店也没别的客人，只有他一人，因此他怀疑是旅店老板偷去的，但老板死活不承认。两个人闹到县衙。县官对老板说："我在你手心里写个'赢'字，你到院子里晒太阳，如果晒很长时间，'赢'字还在，那么你的官司就打赢了。"随后，县官把老板娘叫来。老板娘来到县衙时，看见老板在外面站着，不知怎么回事。这时只听县官对她丈夫喊道："你手里的'赢'字还在不在？"店老板连忙回答说："在，在。"老板娘一听丈夫承认了"银子"在，就不敢隐瞒了，乖乖地回家拿出了银子。

增强语言的表达效果

论辩中，双方都希望自己一方能取得论辩的胜利，经验告诉人们，运用哲理性或新颖性的语言，可以使人易于接受，起到精辟、深邃和简练的效果，使自己的言词更有力量。

一、运用哲理性语言

富有哲理性的语言往往由于不同的表达而每次都能引起人

们的兴趣。一个人的话题是否有哲理，是否能产生戏剧性的效果也与说话者的思想成熟程度密切相关。哲理性语言有许多种类型：

（1）警策型。

这类语言的特点是话一出口使人一惊，但惊而无险，虽说出人意料，却在情理之中。例如，有一位哲学家曾说过这样一句话："有人可能活了一百岁才走向坟墓，但他生下来就已经死亡。"这句话中的"活了一百岁"与"生下来就已经死亡"是一个大矛盾，然而矛盾背后却潜藏着深刻的哲理。

（2）若愚型。

这一类型的语言往往说出最平常的事，然而这些事情一经提示，就变成了很耐人寻味的东西。如爱默生说："站在山的旁边，就看不到山。"歌德也曾说："光线充足的地方，影子也特别黑。"他们说的都是极普通的事实，然而一经他们提示，这些事实就起了奇妙的变化，使人从中领悟到了很多道理。

（3）忠告型。

这类语言常使人在善意中感到亲切，在亲切中领悟道理。如："如果你考虑两遍再说，那你一定说得比原来好一倍。""如果一个人不知道他要驶向哪个码头，那任何风都不会是顺风。""从伟大到可笑，只有一步远。"

（4）总结型。

这类语言的特征是归纳经验。如：“长久迟疑不决的人，常常找不到最好的答案。”“财富往往像海水，你喝得越多，就越感到渴。”

从生活中提炼具有哲理性的句子，并用排比的形式加以列出，效果会更好。

二、颠倒词序出新意

颠倒词序法可以使语言更加深刻，从而取得戏剧性的论辩效果。于右任的书法享有盛誉，被称为“于体”，但他平日不轻易赠予别人。一次，一个人求字，于老先生不想给他，无奈他一直请求，只好写下了“不可随处小便”几个字，满以为这样的话登不了大雅之堂。谁知过了几天，那位求字者拿着裱好的条幅，来向于老道谢。于老把条幅展开一看，正是自己亲笔所写的，只不过变成了“小处不可随便”，真是一句精辟的格言。这位求字者就是采用颠倒词序的方法，使于老这一句本不能登大雅之堂的话，变成了一句具有深刻哲理性的语言。

颠倒词序法，可以改变语意，使交谈朝着有利于自己的方面发展。颠倒词序法还可以增强语意的表达效果。古今中外有许多类似的名句格言。郭沫若说：“活人读死书，可以把书读活。死书读活人，可以把人读死。”林肯说：“你能在所有的时候欺骗某些人，也能在某些时候欺骗所有的人，但你不能在所有的时候欺骗所有的人。”这些格言，就是变换某些字词，使语言的表达效果更为强烈。

欲擒故纵收奇效

所谓欲擒故纵，就是先故意避开目标，使人放松戒备，然后抓住要义，一举擒拿，从而达到目的。它往往异峰突起，能获得出奇制胜的效果。

西门豹治邺的故事，就是运用欲擒故纵的典型事例。战国时期，魏王派西门豹去做邺令。西门豹到了邺县，看到那里人烟稀少，满眼荒凉，就找了一些百姓问是怎么回事儿。当地的百姓说：“都是河伯娶媳妇给闹的。河伯是漳河的神，每年都要娶一个年轻漂亮的姑娘，要是不给他送去，漳河就要发大水，把田地、村庄全淹了。”

西门豹问：“这话是谁说的？”百姓说：“巫婆说的。地方上管事人的每年借着给河伯办喜事，硬逼着百姓出钱。他们每年都要敛几百万钱，用二三十万办喜事，剩下的就跟巫婆分了掖腰包了。”

西门豹问：“新娘子是哪儿来的？”百姓回答说：“哪家的闺女年轻，长得漂亮，巫婆就带人到哪家去选。有钱的人家花点钱就过去了，没钱的人家就倒霉了。到了河伯娶媳妇的那天，他们在漳河边上放一领苇席，给姑娘打扮一番，让她坐在苇席上，放到河里，顺水漂去。苇席开始还在水上飘着，过了一会儿就沉下去了。所以，有闺女的人家都跑到外地去了，这里的人口就越来越少，地方也越来越穷。”

西门豹又问：“河伯娶了媳妇，是不是漳河就不发大水了？”百姓回答说：“还是发。巫婆说幸亏每年给河伯送媳妇，要不漳河发水还得多。”西门豹说：“巫婆这么说，河伯还是灵啊！下一回他娶媳妇，告诉我一声，我也去送送新娘。”

到了河伯娶媳妇那天，河边上站满了人。西门豹真的带着卫士来了。巫婆和地方上管事的人急忙迎接。那巫婆已经七十多岁了，背后跟着十来个穿着妖艳的女徒弟。

西门豹说：“把新娘领来让我看看她长得俊不俊。”百姓一会儿就把姑娘领来了。西门豹一看女孩子满脸泪水，回头对巫婆说：“不行，这姑娘不漂亮，麻烦巫婆到河里对河伯说一声，另外选个漂亮的，过几天送去。”说完，叫卫士抱起巫婆，把她投进了漳河。等了一会儿，西门豹又说：“巫婆怎么还不回来？让她徒弟去催一催。”又将她一徒弟投进河里。等了一会儿，又将她另一徒弟投进河里。又等一会儿，西门豹说：“看来女人办不了这事儿，麻烦地方上的管事人去给河伯说说吧！”这地方上管事的人，一个个吓得面色如土，急忙跪地求饶，头都磕破了。西门豹说："好吧，再等一会儿看看。"过了一会儿，他才说："起来吧！看样子是河伯把她们留下了。你们都回去吧！"这一下百姓都恍然大悟了。原来巫婆和地方管事的人都是害人骗钱的。从此，谁也不敢再提给河伯娶媳妇的事了。西门豹发动老百姓开凿了十二条大渠，把漳河水引到田里，灌溉庄稼。从此，漳河两岸年年丰收。

西门豹要破除迷信，却不明言，反而故意装成十分虔诚的样子，与大家一同为河伯送女。他巧妙地借神权迷信来打击神权迷信，以出其不意的突然一击，严惩了害人者，挽救了受害者，使广大群众猛然惊醒，地方陋俗得以破除。

在论辩性较强的演讲中，欲擒故纵之法经常被采用。其原因在于它符合"情随境迁"的心理活动，易收到事半功倍的奇效。

驳斥诡辩的几种方法

诡辩具有很大的欺骗性和迷惑性，为识别诡辩和驳倒诡辩，很有必要掌握一些驳斥诡辩的具体技巧和方法。诡辩手法千变万化，对付诡辩的方法当然也是多种多样的。下面介绍了几种诡辩手法及其应对方法。

一、概念的诡辩性

在概念上玩弄游戏，这是诡辩者惯用的伎俩。其具体办法有：

（1）利用一词多义，把词语形式相同，但表达不同的多个概念混为同一个概念；

（2）用偷梁换柱的办法，改变一个概念的内涵，使之变成另一个概念。

不管运用哪种方法来诡辩，我们都可以用澄清概念，即正确地解释概念，明确其内涵与外延的方法来对付它。

二、提问的诡辩性

这种方法可专用来对付复杂提问。对于复杂提问，我们不能简单的回答“是”或“否”，因为那样一来，就等于承认了其中隐含着的虚假预设，中了诡辩者的圈套。那么，如何驳斥这种诡辩呢？最好的办法就是否定预设。

三、矛盾的诡辩性

任何诡辩都不可能天衣无缝。它们当中必有破绽可寻，特别是在理屈词穷之时，人们往往慌不择言，通常漏洞百出，不自觉地陷入自相矛盾的困境，这时我们只要对其思维过程中的矛盾予以揭露，其诡辩就不能得逞了。例如有个作弊的学生矢口否认自己考试时有过作弊行为，老师提出根据：“我是亲眼看到的。”学生辩解道：“这不可能，我是在你背朝我的时候才看的。”这个学生无意中露出了马脚，真是欲盖弥彰。对他的诡辩就可以采用揭露矛盾的方法予以驳斥：你既然是老师背朝着你的时候作弊的，怎么又说没作弊呢？

四、事例的诡辩性

事实胜于雄辩，对于那些以偏概全的诡辩，我们只要举出一个与其结论相反的例子，就可以驳倒。周总理在反驳“一个国家向外扩张，是由于人口过多”这个谬论的时候，就用过这种方法。他列举了三个反例：“英国的人口在第一次世界大战前是 4500 万，不算多，但是，英国在一个很长的时期内曾经是‘日不落的’殖民帝国。美国的面积略小于中国，而美国的人口还不及中国人口的三分之一，但是美国的军事基地遍布全球，美国的海外驻军达 150 万人。中国人口虽多，但是没有一兵一卒驻在外国的领土上，更没有在外国建立军事基地。”言之凿凿，雄辩有力。

五、推理形式的诡辩性

对用两难推理来诡辩的，我们除了可以指出其推理形式上的错误外，还可以指出其内容上的错误。这里要介绍的是第三种方法，就是另外再去构造一个与原来的两难推理相反的“两难推理”。

六、论题的诡辩性

这是一种以退为进的反驳方法，即先假定诡辩论题正确，然后由此引申出一个明显荒谬的结论，根据充分条件假言推理中否定后件就要否定前件的规则，驳倒诡辩论题。

诡辩形形色色，对付诡辩的方法也远远不止以上这几种。在具体运用的时候，应根据实际情况，可以单独使用某一种方法，也可以综合起来运用。

因势利导

古语有云：“善战者，因其势而利导之”，这句话同样适用于论辩，即：善辩的人，对对方错误的思想往往不是立即加以驳斥纠正，而是利用对方观点的某些积极因素，顺其思想发展的趋势，由浅入深地提出一系列问题，引导对方思考，促其一步步地扩大积极因素，否定错误观点，最后水到渠成地得出正确的结论，从而接受你的观点。这种方法我们叫因势利导法。

例如，某中学有一位以“野”和“泼”出名的女生，人称“二男娃”。一次课前，她把雨伞挂在教室的墙上，伞上的雨水滴在了一位男生身上，那位男生便把伞拿了下来。她看到后，也不管当时上课铃已响了，一跃跳上课桌，又把雨伞挂了回去，并且双手叉腰，对那位男生怒目而视。任课老师批评她，她不但不听，反而大吵大闹，老师要将她拉出教室，她大叫着使劲反抗……她所在班的班主任周老师对她进行了如下教育。

周老师："看来你人不大，可脾气倒不小。你知道吗？今天我的魂差点被你吓飞了！"

二男娃"扑哧"一笑，但很快又收住笑，嘟着嘴说："他们那样对我，我面子上下不来。"

周老师："什么面子上下不来？假如雨伞的水滴在你身上，你会怎么样？"

二男娃："反正我面子上下不来！"

周老师："好，你是很爱面子的，我很高兴。我知道，凡爱面子的人，是不会再犯第二次错误的，你说是吧？"

二男娃："是。"

周老师："你为什么不对我发火？"

二男娃："周老师，您真心待我好，从不强人所难，我犯错误，您找我谈，我都能听得进去。"

周老师："我也是有个性的，也会发火，如果我也按自己的个性办事，在你犯错误的时候，把你打一顿骂一通，那将是什么局面呢？"

二男娃："不可能，不可能，您是老师。"

周老师："你说得对，因为我是老师，个性受师德的制约，我必须注意培养自己良好的个性。你是学生，就可以撒泼？难道中学生守则对你就没有约束力吗？"

二男娃："周老师，我今后一定改正。"

周老师的批评艺术是值得称道的，她先肯定了这位女生性格中“爱面子”的积极因素，然后因势利导，以“爱面子的人不会再犯第二次错误”这句话督促其认识错误，再巧设问题，抓住契机，循循善诱，使其认识到自己的错误行为，答应改正。后来二男娃真收起了那股“野”劲，变得文静，有礼貌，逐渐有个姑娘样了。

使用“因势利导”法要注意两点：第一，要善于找到“势”，抓住“势”。只有找到“势”并抓住“势”，才有“导”的条件，这就像前例讲的那个“二男娃”，如果你看不到她还有“爱面子”这个势，一味地批评他，恐怕她只能更“野”更“泼”，使她的不良个性得到强化。第二，要善于导。只有善于疏导，才能将其引向正确的道路。这像治水一样，同样的水势在鲧与禹父子面前，竟出现截然不同的效果：鲧不善导，洪水泛滥；大禹善导，百川归海。论辩也是如此，只有从实际出发，抓住关键，善于疏导，才能促使对方自我否定，接受真理。

论辩技法是为实现论辩目的服务的。“因势利导”法正是基于认识真理、统一思想的论辩目的的需要而产生的。在现实生活中，大多数论辩是是非之争，因此，“因势利导”的论辩技法是大有用武之地的。

掌握追根寻源的技巧

某市一家照相馆为了招揽顾客，在门前贴出一张写有“如本人对我店拍摄的照片不满意，可以重拍，不取分文”的广告。一天有一位浓妆艳抹的少妇对所拍摄的照片大为不满，摄影师二话没说，为她重拍一张。不料她取照时又有意见。

摄影师：“如果能指出技术、质量上有问题，我就再给您重拍。”

少妇：“这张照片拍得不美。”

摄影师：“同志，美了就不像您了。”

少妇：“你们广告上不是说，对照片不满意就可以重拍吗？”

摄影师：“您现在不是对照片不满意，而是对自己不满意啊！”

照片是自我形象的镜子，自我认识应该主客观统一。少妇认为自己的形象是美的，却让摄影师丑化了，而摄影师的回答则含蓄地表明少妇的形象客观上是丑的，而主观上反认为美。所以才将对照片不满归咎于摄影师，想要重拍，但对自己不满能怪摄影师吗？

摄影师的反驳是幽默的，言下之意，照片不美只能怪她自己，这一幽默反映出他对问题追根寻源的思想方法。世界上的一切事物在不断更替的运动中，必然会显现出因果关系。任何“果”均由一定的“因”所决定，不存在无因之果，任何“因”都产生一定的“果”，所以也没有无果之因。追根寻源的论辩技巧，就是基于这种思维活动的因果链而产生的。

掌握追根寻源技巧，必须具有多维观念,即在思维的总进程中摒弃思维角度、思维指向、逻辑规则、评价标准等单维化概念，而代之以思维角度、思维指向、逻辑规则、评价标准等的多维化概念相结合。上述例子中的摄影师就是及时发现在摄影作品美与丑的争辩中，缺乏共识的客观标准，而陷入喋喋不休的纠缠，从而迅速选择了新的纵向参照系，由果溯因：照片不美之果，系由“本人不美”之因所形成；“对自己不满”，实际上是“对照片不满”的本源，从根本上辩明了“照片不美”的责任归属问题。

事物因果联系的客观性，是追根寻源技巧具有无可辩驳力量的基础。立足于因果联系的论辩技巧，其应用范围是极为广泛的。“追根寻源法”除了上述由果溯因的辩驳，还可因果并举，用动机与效果统一的观点来批驳“好心办了坏事”之类强调因而忽视果的论调，也可用于以因证果的谈判。例如某菜农在与化工厂谈判中，举出蔬菜产量在该厂排放污水前后数据差距悬殊的事实，以明确化工厂应负蔬菜减产的赔偿责任。当然，在法庭论辩中有时也可以集中强调后果，后果一经认定，其因不辩自明。

牵连钳制，显其锋芒

有这样一个故事：某书生丧母，服丧期间吃了一次红米饭，学究发现后，斥责他为不孝之子。书生问斥责的缘故，学究说："红是喜庆之色，服丧期间焉能食之？"书生反驳道："既然如此，你平日天天吃白米饭，难道你天天在服丧不成？"

书生机智地引用一个对称的反例，把学究陷入一个尴尬的境地，让他无法反驳。这里书生用的就是牵连钳制法。

牵连钳制法是指抓住论辩双方存在的对应连带关系，分析相似的情景，提出一个关联性命题，造成论辩双方"荣辱与共"的牵连态势：你要污辱我，先得污辱你自己，迫使对方权衡利弊，放弃无理的说法。

牵连钳制法常适用于咄咄逼人的论辩情势。当对方不分析自己情形，只对别人用一种偏颇观点指责时，对此反驳者要据不同情形，运用不同方式把他牵连在具体情形里，才能钳制他的攻势。

一、牵连对应情形。

尽管人们的具体经历不同，但也有部分相似之处。当对方无理取闹时，你可选择与他经历相似的情景，把他牵连在无法自圆其说的局面里。他若要回避情理的尴尬，就理应放弃对你的指责。

二、牵连事件因果。

若前后事件存在因果关系，对方要以结果为难你，你可利用前后关系，将对方牵连在原因里。他要是不愿承认原因，相应地就无法再坚持非难你。

《智取威虎山》里，杨子荣打进匪巢，取得匪首座山雕的信任，被封为“威虎山老九”，并受命主持“百鸡宴”。这时被俘获却又逃脱的栾平闯进威虎厅，指着杨子荣说：“他不是胡彪，他是共军。”一语石破天惊，座山雕满腹狐疑。杨子荣处变不惊，抛出一句：“既然你说我是共军，你倒说说我这共军的来历。”他能说出来吗？由于座山雕“最恨被共军逮住的人”，杨子荣的反问把栾平牵扯进来，让他进退两难：若他说出杨子荣的来历，必要说出被杨子荣审讯过的前因，承认被“共军”抓过，必遭座山雕枪毙；若他不说出“共军来历”，那就是诬陷威虎山老九，座山雕不会容他。牵连钳制法反驳力度大，有时让对方没有回旋的余地。若杨子荣正面否定“我不是共军”，座山雕自然不会相信，必然陷入与栾平各执一端的争论当中，那样势态发展会对“共军”大为不利。

三、牵连前提条件

不从结论本身着眼，而是分析支持结论的前提。在分析前提时，把对方牵连进来，对方若否定前提，那从前提推出的结论自然会崩溃，不能用来指责他人。

中世纪欧洲某国法律规定，不许在国王面前翻动任何东西，违者处死。

阿拉伯使者不知风俗，在宴席上当着国王的面夹翻鱼背。大臣要求国王："为维护神圣的法律，陛下应处死这位使者。"

国王表示同意，但允许使者提一个要求，只要与这项法律无关，都可以得到满足。

使者镇定下来："我只有一个要求：谁若看到我刚才做了什么，请挖掉他的眼睛。"

国王和大臣都发誓自己一无所见，使者因此而幸免于难。

使者的要求与法律无关，但与法律成立的前提有关，有效地把国王和大臣牵连进来，无疑为使者找到了保护伞。如果承认使者违法，那肯定有人眼睛被挖；如果无人看到使者翻动鱼背，那使者违法就无从谈起。运用牵连前提条件方法主要要注意以下几点：

首先要找准关联点。牵连的前提是你与对方所处情形类似，他要你怎样，先得自己怎样，只有同大于异时，才能牵连住对方；若异大于同，运用此法则会出现奇怪的景象。

8 岁的聪聪对父亲说："我要结婚了。"

父亲听后大笑："你的对象是谁呢？"

聪聪说："是奶奶。"

父亲又问他："你以为我会让你和我母亲结婚吗？"

"为什么不呢？"聪聪振振有词，"你自己不是同我母亲结婚了吗？"

聪聪反驳得很有趣。他自然不知牵连前提是找准关联点。聪聪的母亲与他父亲的母亲身份存在很大不同，聪聪的母亲与他父亲结婚时，与他爸爸不存在血缘关系，而他父亲的母亲却是聪聪的奶奶，与他具有血缘关系。关联点异大于同是种虚假关联，自然不能构成钳制。

其次要触动对方利益。只有触动对方利益，才能让他放弃对你的非难。没有谁愿坑害自己，利益的牵连会迫使他重新考虑问题。前面例子中，如国王要处死使者，使者提出的要求就触动了对方的利益，即处死的前提是有人眼睛被挖掉。没有人愿意被挖掉眼睛，国王自然无从处分使者。

最后要机敏地应对。战机稍纵即逝，不容你过多思考。如杨子荣稍微迟疑片刻，就会露出破绽；使者若不能抓住国王给予的机会，及时提出要求，性命就危险了。

顺水推舟时暗藏杀机

所谓顺水推舟法，是指在论辩过程中，当发现论敌的意图后，因势顺导，先巧妙地“顺”对方逻辑之“水”，引诱其孤军深入，然后再借对方之力，顺势反驳，“推”出己方观点之“舟”，从而达到折服对方的目的的一种论辩技法。

著名电影演员孙飞虎在多部影片中成功地扮演了蒋介石而荣获“金鸡奖”。有天，一个“穴头”想拉他参加一个“草台班子”去捞钱。尽管“穴头”提出了许多优厚的条件，但孙飞虎始终不为所动。“穴头”感到不可思议，说道：“孙老师，为人不可太认真，这年头死心眼不吃香了。您瞧社会上多少有名气的明星都在抢着搭班子赚钱，可是您……再说，这演唱会也是为群众服务嘛！”

孙飞虎接过话头：“那好，既然是为群众服务，我就作为义演出台，不收一文报酬，你也分文不取怎样？”

“这……这……”“穴头”鼻尖冒汗了，他摇了摇头，乘兴而来，扫兴而去。

这时，孙飞虎针对“穴头”那句“这演唱会也是为群众服务”的冠冕堂皇的辩词，没有急于迎头痛击，而是采取顺势行事、因利乘便的办法，先用一句话表示顺从对方的逻辑，然后在此基础上，话锋一转，顺势推出“我就作为义演出台，不收一文报酬，你也分文不取”这一有力的辩词，一举揭穿了“穴头”“借为群众服务之名，行牟取暴利之实”的用心。孙飞虎这顺水推舟的有力反击，使那位“穴头”聪明反被聪明误，自己反而被自己所说的话套住了，欲辩不能，只得灰溜溜地败下阵来。

顺水推舟法往往具有出其不意、逆转词锋的效果。在运用这种技法时要注意把握住以下两点。

1.“顺”得自然。

“顺”即顺从对方的逻辑，这里的“顺”并非主动放弃自己的立场，而是为达到克敌制胜的目的而采取的一种手段。“顺”，既是对对方攻势的一种缓冲，也是对对方的迷惑，同时又是为下一步“推”这一逆转蓄势做准备，从而使“推舟”这一反击具有隐蔽性和突然性，达到出其不意、攻其不备的效果。这样，当己方言辞由顺从对方逻辑而突然逆转时，令对方从暗自欣喜到大惑不解，最终遭受当头棒喝，陷入欲辩不能的尴尬境地。

2.“推”得巧妙。

可以采取下列几种方法，围绕“推”字做文章。

（1）顺应对方辩词，“推”出一个与对方辩词意思完全相反的观念，使对手“哑巴吃黄连——有苦也难言”。

某学校内，一流里流气的青年牵着一条大狼狗招摇过市，并不时唆使狼狗追逐学生寻开心，看到学生们被狼狗吓得东奔西逃的样子，那青年竟开心得哈哈大笑。闻讯赶来的李校长气愤地上前指责道："你为什么带着狼狗到学校来扰乱秩序？"

那青年扮了个鬼脸，振振有词道："我到其他学校为什么没人指责我呢？你说我干扰秩序，那你说说法律上有哪一条规定不准带狼狗到学校里玩？"

针对这个青年的狡辩，李校长据理反驳："不错，法律上确实没有不准带狼狗到学校里玩的规定。不过，请问，法律上难道有哪一条规定准许带狼狗到学校玩吗？你到其他学校没有遭到禁止，那是他们不敢说你。现在，你把学生们吓成这样，作为一校之长，我有责任维护学校秩序和保护学生安全，我非禁止不可！"

这里，李校长抓住对方"法律上有哪一条规定不准带狼狗到学校里玩"这一狡辩之词，顺势行事，提出"法律上难道有哪一条规定准许带狼狗到学校里玩？"这一命题，及时反驳，取得了这场论辩的胜利。

（2）顺应对方辩词，并以此为前提"推"出一个令对方难以接受而又无法反驳的结论，使对手俯首就范。

如上面提到的孙飞虎与"穴头"的论辩，孙飞虎正是顺应"这演唱会也是为群众服务"这一前提，"推"出"大家都分文不取"的结论，令对手灰溜溜地败下阵。

（3）顺应对方辩词，然后对对方辩词的内涵进行分析，"推"

出对方辩词与事实之间的悖谬之处，“以子之矛攻子之盾”，使对方束手就擒。

1982年秋天，在美国洛杉矶举行了一次中美作家会议，在宴会上，美国诗人艾伦·金斯伯格请我国作家蒋子龙解个怪题，题目是：“把一只五斤重的鸡，装进一个只能装一斤水的瓶子里，您用什么办法把它拿出来。”蒋子龙略加思索，便回答说：“您怎么放进去，我就怎么拿出来。您显然是凭嘴一说就把鸡装进了瓶子，那么我就用语言这个工具再把鸡拿出来。”金斯伯格说：“您是第一个猜中这个谜语的。”

这里，蒋子龙既顺应了对方的辩词，假设对方“把一只五斤重的鸡‘装进了’一个只能装一斤水的瓶子里”，又从对方的辩词中分析出对方是“凭嘴一说”就把鸡装进去的内涵，从而以其人之道还治其人之身，也用嘴一说就把鸡拿出来，使对方为之折服。

必须指出的是，在运用顺水推舟法时，必须处理好“顺”与“推”之间的关键转换。在这个关键处，可以采用反问等技巧，巧妙地利用对方的攻势，化对方之力为己方之力。“顺”对方说词之“水”，“推”出己方观点之“舟”。

稍纵即逝的反驳战机

在论辩中，双方的表现实际上是激烈的思想交锋，利用对方认识上的失误进行反驳是论辩成功的最佳战术。因为在紧张的论辩中，对方往往会出现“急不择语”或“择语不慎”的情况。对方表达失误的时候，就是反击的最佳时机。

1933年2月27日，德国柏林的国会大厦突然燃起了熊熊大火，同一时间内，国会大厦有23处火舌猛卷、浓烟滚滚。显然，这是有意纵火。“国会纵火案”发生后，法西斯当局以此为借口，逮捕了4000多名共产党员和其他进步人士，其中包括恰好在柏林的国际工人运动杰出活动家季米特洛夫，德国笼罩在法西斯主义的白色恐怖之中。法西斯政府还煞有介事地在莱比锡组织了历时三个月之久的公开审讯。

在闻名世界的莱比锡审讯中，检察官维尔纳无耻地指控说:“共产党已经处在不战斗就得投降的境地。（纵火）这是它现在处境中仅有的选择。这一招也许失败，但是，失败后的处境不会比不发一枪的投降来得坏。”对维尔纳的这段话，站在被告席上的季米特洛夫却以法官的姿态严厉反驳道：“德国共产党的领袖们不会认为现在一切就都完了，不会认为他们所能选择的不是投降就是毁灭。德国共产党的领袖们不会有如此愚蠢的想法……共产党绝不可能有意在这时孤注一掷。”季米特洛夫指出：“共产党要走的是另一条道路，即积蓄力量，准备革命。”

泾渭分明的立场，大义凛然的雄辩，有力地批驳了法西斯的无端指控和诬蔑，将检察官维尔纳逼入死角。最后，法西斯法庭只好宣告将季米特洛夫无罪释放。季米特洛夫的胜利在于他巧妙地捕捉到对方认识上的错误，进行有力地反击，彻底地击溃对手。

一天，马晔和他的好友一起咏读千古名篇《滕王阁序》，当他们读到“落霞与孤鹜齐飞，秋水共长天一色”时，禁不住拍案叫绝。

好友叹惜说：“王勃这样的一代才子，可惜20来岁就遇难了，智力早熟的人都是早亡的啊！”

“怎么，智力早熟的人都是早亡的？”马晔颇有怀疑地问道。

“是的，所有智力早熟的人都是会早亡的。”好友再次肯定地回答。

“不对，很多智力早熟的人就不是早亡的。例如，比王勃晚出生100多年的白居易，五六岁能作诗，9岁就通声律，却活到了74岁。控制论的创始人诺伯特·维纳，10岁入大学，14岁就毕业于哈佛大学，也活到了70岁。他们不都是智力早熟的人吗？但他们并不都是早亡的呀！”马晔为自己的论点进行着论证。

在事实面前，其好友承认了自己观点的错误。他的逻辑错误是显而易见的，即大前提“智力早熟的人都早亡”是错误的，导致了整个推理的错误——智力早熟与早亡并无必然联系。

有效反驳“两难”诡辩

这里所说的“两难”，指两难推理。它是由两个假言前提和一个选言前提构成的推理。它之所以叫“两难”，是因为说话者说出具有两种可能的大前提，使对方不能肯定或否定其中任何一种可能，陷入进退维谷的境地。

古希腊诡辩家讲过这样一则寓言：有一位埃及妇女，看到自己在尼罗河畔玩耍的孩子被鳄鱼抓住，就请求鳄鱼把孩子归还给她。

鳄鱼说：“如果你猜对我的心思，我就把孩子归还给你。”

妇女说：“我猜你不想把孩子归还给我。”

鳄鱼说：“如果你猜得对，则根据你说话的内容，我不把孩子归还给你。如果你猜得不对，则根据约定的条件，我不把孩子归还给你。所以你猜得对，或者猜得不对，我都不该把孩子归还给你。”

妇女针对上面的推理，提出了一个相反的两难推理：“如果我猜得对，则根据约定的条件，你应该把孩子归还给我。如果我猜得不对，则根据我说话的内容，你应把孩子归还给我。所以我猜得对，或者猜得不对，你都应把孩子归还给我。”

鳄鱼用一个不合逻辑的两难推理来为难妇女，妇女也用一个相反的同样不合逻辑的两难推理来回敬鳄鱼。这种反驳方法，实际上是反驳“两难”诡辩的一种十分有效的方法。

王阳明是我国古代主观唯心主义哲学家。一次，他和朋友登山游玩，一路上大谈“心外无物”的理论。他说，凡是人们心里没想到的东西都是不存在的。可是不料，他被一块石头绊了一跤，懊恼地说：“没想到被石头绊了一下。”

他的朋友问：“你没有想到的石头怎么会存在呢？”王阳明无言以对了。

王阳明之所以答不上，是因为朋友的问话使他陷入了一个两难境界。

如果“没想到被石头绊了一下”是真话，那么，王阳明的“心外无物”不是真理；如果“没想到被石头绊了一下”是假话，那么王阳明就是在制造谎言。由此可见，运用两难推理可以将持错误观点的人逼入进退维谷的境地。

两亲家喜好开玩笑，有一次，一家办喜事，宴请亲家，请柬上写道：“来，就是好吃；不来，就是见外。”另一亲家看了这个请柬，也没在意，还是大大方方地去参加宴会。他带了一份礼物，礼单上写道："收，就是爱财；不收，就是嫌礼轻。"

请客者的请柬写得真"苛刻"：好吃，或是见外。两者都将使对方难堪，若认真探究，请客者设置的两难推理并不高明，因为它不是在特定的语境中自然形成的，而是挖空心思编造的。而被请者的以其人之道还治其人之身，显得棋高一招。因为他具备论辩的机智，他同样以请客为题，巧妙地反击，把难堪还给了请客者。

巧设两难法用于反击谬论更为有力。

巴依老爷问阿凡提："世上真有聪明药吗？"

阿凡提说："有！巴依老爷。"

巴依老爷："能不能给我一些？"

阿凡提："可以。"

阿凡提转身捏了10个泥团交给巴依老爷，叫他每天吃一丸。

10天后，巴依老爷来问："那聪明药该不会就是泥团吧？"

阿凡提："你确实变聪明了。"

巴依老爷："可我并不感到聪明啊？"

阿凡提："那你就要再吃10粒。"

巴依老爷："……"

这个例子中巴依老爷真是聪明也不是，糊涂也不行，让他左右为难。

第五章

这样讲话的领导最得人心

一个人在完成工作任务后总希望尽快了解自己的工作结果，如质量、数量、社会反应等。好的结果，会带来愉快的情绪体验，给人以鼓励和信心，督促自己继续保持这种行为，继续努力；坏的结果，能使人看到不足，以促进下一次行动时的专注，求得好的结果。所以，在一项工作完成时，做领导的千万别吝啬自己的反应或讲价。

充分表达对下属的信任

有些领导对一些员工的工作能力常持怀疑态度，怕员工这也干不了，那也干不了，总是事必躬亲。结果，员工没了干劲，对工作的热情也随之减退。这又是做领导不想看到的，所以领导要充分信任下属，因为充分信任便是对他们最好的激励。

日本著名公司“松下电器”的创始人松下幸之助，每次观察公司内的员工时，都会觉得他们比自己优秀，他对员工们说：“我对这件事情没有自信，但我相信你一定能够做得到，所以就交给你去办吧。”相信员工由于受到重视，不但乐于接受，还会竭尽所能把事情做好。

1926年，松下电器公司要在金泽市设立营业所。松下从来没有去过金泽，但经过多方考察与考虑，还是认为有必要在那里成立一个营业所。这时，一个问题出来了：谁去主持这个营业所的工作呢？谁最合适呢？当然，胜任这个职位的高级领导还不少，但是，那些老资格的管理人员必须留在总公司工作。因为他们当中的谁要是离开总公司，都会对总公司的业务造成不利影响。这时，松下想起了一位年轻的业务员。

这位业务员只有20岁，但是，松下不认为年轻人就办不好事情。于是，他决定派这个年轻的业务员作为金泽营业所的负责人。松下把他找来，对他说："公司决定在金泽设立一个营业所，希望你能去主持这项工作。现在你就立刻去金泽，找个适当的地方，租下房子，设立一个营业所。我已经准备好一笔资金，让你去进行这项工作了。"

听了这番话，年轻的业务员大吃一惊。他不解地问："这么重要的任务，让我这个刚进入公司才两年又如此年轻的人去完成，不太合适吧？而且，我也没有多少经验……"但是，松下对这位年轻人很信赖，因此，他几乎用命令的口吻说："你没有做不到的事情，你一定能够做得到的。放心吧，我相信你，你一定能够做得到的。"这位年轻的业务员终于下定决心说："我明白了，您就放心让我去做吧。非常感激您能够给我这个机会，实在是光荣之至，我一定会好好地去干的。"

年轻人一到金泽就立即展开准备工作。他几乎每天都会给松下写一封信，告诉他自己的近况，例如他写信告诉松下正在找房子，后来又写信说房子已经找到，再后来又是装修，等等，把自己生活和工作上的进展情形一一向松下汇报。很快，他在金泽的筹备工作完全就绪。于是，松下又从大阪派了两三名员工过去，开设了营业所，业务也很好。

松下认为，激励员工的要诀有很多，但最重要的还是能够信赖他人，把工作完全交付于他人。受到信赖、得到全权处理工作的认可，任何人都会无比兴奋，相对的也会更有责任心而全力以赴地工作。确实，通常一个受上司信任，能放手做事的人，往往都会有较强的责任感。相反，要是领导对下属的所有工作都事无巨细地指示这指示那，就会令下属感觉自己只是奉命行事，事情的成败与自己无关，从而使事情的成效大打折扣。

赞扬比奖励更重要

领导的赞扬可以满足下属的荣誉感和成就感，使其在精神上受到鼓励。

常言道：重赏之下必有勇夫。这是一种物质层次的激励下属的方法。物质激励具有很大的局限性，比如在机关或政府，奖金和礼品都不是随意发放的。下属的很多优点和长处也不适合用物质奖励。相比之下，领导的赞扬不仅不需要冒多少风险，也不需要多少本钱或代价，就能很容易地满足一个人的荣誉感。

领导的赞扬可以使下属认识到自己在群体中的位置、价值和在领导心中的形象。

在很多单位或公司，职员或职工的工资和收入都是相对稳定的，人们不必要在这方面费很多心思。但人们都很在乎自己在领导心目中的形象问题，对领导的一言一行都非常细心且敏感。

领导的赞扬往往具有权威性，是下属确立自己在本单位或本公司中的价值和位置的一个依据。如果一个下属很认真地完成了一项任务或做出了一些成绩，虽然此时他表面上装得毫不在意，但心里却默默地期待着领导来一番真心实意的嘉奖，而领导如果没有关注，不给予公正的赞扬，他必定会产生一种挫折感，产生“反正领导也看不见，干好干坏一个样”的想法。这样的领导又怎能调动起大家的工作积极性呢？

领导赞扬下属还能够消除下属对领导的疑虑与隔阂，拉近两者的关系，有利于上下级的团结。有些下属长期被领导忽视，领导不批评他也不表扬他，时间长了，下属肯定会嘀咕：领导怎么从不表扬我，是对我有偏见还是妒忌我的成就？于是同领导相处不冷不热，保持距离，两者没有什么友谊和感情可言，最终形成隔阂。

领导的赞扬不仅表明了领导对下属的肯定和赏识，还表明领导对下属的一言一行都很关心。有人受到赞扬后常常高兴地对朋友讲：“瞧我们的头儿既关心我又赏识我，我做的那件事，连自已都觉得没什么了不起，居然被他大大夸奖了一番。跟着他干气儿顺。”

领导和下属之间互相都有好的看法，就不会有什么隔阂，这样才能团结一致拧成一股绳把工作搞好。

领导的赞扬要及时

赞扬是对一个人的工作、能力、才干及其他积极因素的肯定。可以说，赞扬是一种对自我行为的反馈，而反馈必须及时才能更好地发挥作用。

人们需要通过尽快地了解反馈信息，对自己的行为进行调节，巩固、发扬美好的东西，克服、避免不好的东西。如果反馈不及时，事过境迁，人的情绪已经冷漠，这时的赞扬就没有太大的作用了。

在美国福克斯公司的早期发展中，急需一项技术。有一天深夜，一位科学家拿了一台能解决问题的原型机闯进了总裁的办公室。总裁觉得这个主意非常妙，好得令人难以置信，就琢磨着该怎样给予奖励。他弯下腰把办公桌的大多数抽屉都翻遍了，总算找到了一样东西，于是躬身对那位科学家说：“这个给你！”他手上拿的竟是一只香蕉，而这是他当时能拿得出的唯一奖酬了。

自此以后，香蕉演化成小小的“金香蕉”形的别针，作为该公司对科学成就的最高奖赏。由此看出美国福克斯公司领导对及时表扬的重视。

不仅是重大的科技成果要及时给予奖励，对下属的点滴微小成绩，领导也应该重视，及时加以鼓励。

美国惠普公司的市场经理，一次为了及时表示酬谢，竟把几袋果子送给一位推销员。另有一家公司的“一分钟经理”提出“一分钟表扬术”，即指下属做对了，上司会马上表扬，而且很精确地指出他做对了什么。这使人们感到经理是为他取得成绩而高兴，是与他站在一条战线上分享成功喜悦的，鼓励他继续努力。这只需要花费一分钟时间。下属们对“一分钟经理”的做法颇为推崇。这位经理说，帮助别人产生好的情绪是做好工作的关键。这样做有三重意义：第一是表扬要及时；第二是表扬要具体，准确无误，不含含糊糊；第三是要与下属同享成功的喜悦。

把自己融入员工之中

一家制造企业聘请了一位有特殊管理专长却在专业技术方面并不是很强的厂长。

但由于前任厂长在专业技术方面十分精通，再加上多年的相处与员工一起形成的工作习惯，使得厂内的员工对于新任的厂长并不信服。不但对于新的管理改革方案不积极配合，而且看到新厂长就远远地躲开不愿亲近。

新任厂长看到这个情形，暗自思量怎么样才能凝聚这个团体的合心力，迅速和大家打成一片呢。

这个新任厂长想了一些妙招让自己融入这个群体。在第一个月，他经常带一些小礼物，在晚间到两位主管的家里，和他们及其家人聊天，后来逐渐熟悉，变得几乎是无话不谈，所谈内容包括主管们的一些不为人知的小缺点，例如不爱洗澡啦，袜子穿一个礼拜不洗啦，等等，他将这些听到的事情都记在心里。

第二个月开始，他和两位主管达成了共识，两位主管时不时在晚上到厂长的家里喝茶，报告一些厂里员工的小习性、特殊的个性或是近况，并且将自己遇到的一些事也作一番报告。

上班的时候，只见厂长不停走动，并跟大家说话。当看到管仓库的小张就说："嗨！小张，我曾经看到你的男朋友在工厂门口等你，他好帅啊！高挺的鼻子，和你好相配。"其实他并不曾遇到过小张的男友。"喂！小李，听说你的儿子功课很棒，他的头脑一定是像你一样很聪明。"

新任厂长还经常和大伙儿一起在餐厅用餐，一边吃一边将两位平常管理大家很严的主管在生活上的一些小缺点都讲出来，两位和厂长已有共识的主管，在一旁听到自己的事只是傻笑。

这样一来，基层员工们觉得受到了厂长的特别关注，有些更是感到被人尊重，非常开心，而且大家听到厂长开主管的玩笑，自然也很痛快。

没有多久，工厂上上下下都打成一片，新任厂长的管理改革政策也获得了普遍的支持。

鼓励始终是激励员工的关键

激发员工的战斗力，使员工保持高的工作效率，是领导者成功的关键。

但是，许多领导常有一个错误的认识，总感到任何事情都应在自己的掌握中。有的领导为了控制下属，只让下属做他能够控制的事情，以达到“一切都在掌握中”的目的，这样的确可以不出什么差错，但后果是，领导自己会很辛苦、很累，而下属们的主动性和积极性则大大减弱。

而高明的领导知道，下属既是自己的员工，同时也是自己的“心腹”。换句话说，下属分担自己简单的工作，同时也发挥他们的智慧，为自己排忧解难。如果希望自己的下属发挥他们全部的潜力，下面的几点经验和建议是值得借鉴的。

一、告诉下属你对其的期望和要求

很多领导不直接告诉下属自己的期望，却希望下属能够自己体会和理解。要知道，即使再聪明的下属，也不可能知道你对他所有的期望，除非你明确地告诉他。因此，提高下属工作效率的首要原则就是：告诉他们你对他们的期望以及相应的要求，防止下属花费了宝贵的资源，但工作上却出现了南辕北辙的方向性错误。

二、提供必需的信息和资源

约翰曾经有一段失败的工作经历。他的领导只提供片面的信息，所以他的工作通常完成情况不佳，因此他看起来像个完全不能胜任任何工作的员工。事实上，如果能够获得足够的信息，他一定能够按照公司的要求完成任务。在信息不足的情况下，约翰只能猜测，最后他不得不辞职。

领导们千万别对你的下属犯这样的错误。要充分了解他们是否得到了足够的信息和资源，若没有，则提供给他们所必需的一切。

三、改变一些不切实际的制度

管理大师戴明说过，企业面对的问题中有94%来自“制度”，而不是人。那么，在制度方面，你能够为下属做些什么呢？

可以从两个角度来观察分析现有的制度：第一，可以从“做事”的制度，也就是从工作本身出发，查看哪些制度实际上没有必要，甚至使工作变得复杂了；第二，从下属的角度观察制度，查看哪些制度束缚了他们的手脚。

总之，你必须运用自己手中的权力，使下属不受制于各种不切实际的制度，从而提高他们的工作效率。也就是说，你可以改变一些制度使员工工作效率最大化。

以间接的话语指出他人的错误

员工有了错误，能够勇于承认，当然是好事，但绝大多数员工，通常对自身的错误认识不足，尤其对一些小错误，很难做到主动承认。

有许多人在真诚的赞扬之后，喜欢拐弯抹角地加上“但是”两个字，然后开始一连串的批评。举例来说：有人想改变孩子漫不经心的学习态度，很可能会这么说：“壮壮，你这次成绩进步了，我们很高兴。但是，你如果能多加强一下代数，那就更好了。”

在这个例子里，原本受到鼓舞的壮壮，在听到“但是”两个字之后，很可能会怀疑前面的赞扬之词是否真心。长此以往，对他来说，赞扬通常是导向批评的前奏。如此不但赞扬的真实性大打折扣，对壮壮的学习态度也不会有什么助益。

如果我们改变一下这两个字，情形就大为改观。我们可以这么说；“壮壮，你这次成绩进步了，我们很高兴。如果你继续努力下去的话，下次代数一定会跟其他科目一样好。”

这样，壮壮一定会接受这番赞扬，因为后面没有附加的反语。而我们也间接提醒了他应该改进的注意事项，使他懂得该如何改进，以此达到我们的期望。

间接指出别人的过失，要比直接说出口更温和，不容易引起别人的反感。

住在罗德岛的玛姬·贾可布，有次谈到了她如何使草率的建筑工人养成在事后清理的习惯。贾可布太太请了建筑工人加盖房间。刚开始几天，每次她回家的时候，总发现院子里乱七八糟，到处是木屑。由于工人的技术很好，贾可布太太不想引起工人的反感，便想了一个解决办法。她等工人离去之后，和孩子一起把木屑清理干净，堆到园子的角落里。第二天一早，她把领工叫到一旁，对他说：“我很满意昨天你们把前院清理得那么干净，没有惹得邻居们说闲话。”从此以后，工人每天完工之后，都把木屑堆到园子角落，领工也每天检查前院有没有保持整洁。

许多后备军人在受训期间，最常抱怨的就是必须理发。因为他们认为自己有保持自己发型的权利。一级上士哈理·凯撒谈到这个问题时说道，他正好有次奉命训练一群后备士官，依照旧时一般军人管理法，他大可对那群列兵吼叫，或出言恫吓。但他并没有这么做，只是用迂回战术最终达到了目的。

他这么说：“诸位，你们都是未来的领导者，你们现在如何被领导，将来也要如何去领导别人。诸位都知道军中对头发的规定，我今天就要按照规定去理发——虽然我的头发比你们还要短得多。诸位等一下可以去照镜子，如果觉得有需要，我们可以安排时间到理发室去。”

结果许多人真的去照镜子，并且依规定理好了头发。

1887 年 3 月 8 日，著名的公理教会牧师亨利·毕奇逝世。理门·阿伯特应邀在葬礼发表安息讲道。为了讲得出色，他把草稿写了又改，改了又写，而且把词句修饰得好像福楼拜的一样严谨。这个草稿当然很糟——像大多数人写下的演讲稿一样。他读给妻子听，他的太太如果不够聪明的话，很可能会这么说：“理门，这太可怕了，你会使大家睡着的。这篇演讲听起来像是百科全书里的文字，你讲道讲了这么多年，难道还不知道吗？看在老天的份上，为什么不讲得有人情味一点？为什么不表现得自然一点？如果你照本宣读，一定要大大出丑了。”

但是，她只说：“如果这篇演说词登在《北美论评》杂志上，一定会是篇好文章。”换句话说，她一方面称赞了这篇文章，一方面也建议这不适合当一篇葬礼演说词。理门·阿伯特懂得这一点，便把这篇小心翼翼写好的草稿撕掉，最后完全没用讲稿演说。

改正他人错误最好的方法就是以间接的语句指出他人的错误。

忠言也要不逆耳

忠言对于帮助他人和建立真诚的人际关系起着重要的作用。反过来讲，不能给予他人批评和忠告的人不是真诚的人，这种人不会将自己的真实感受忠告于对方。因此，我们应该欢迎忠告，更应该给人以忠告。

尽管如此，为什么一般人都讨厌批评和忠告？批评和忠告为何听起来总不顺耳呢？

究其原因，就在于一般人容易受感情支配，即使内心有理性的认识，但仍易受反感情绪的影响而难以听进忠言。

例如，一位在外游荡后感到后悔、暗暗下决心回家学习的中学生一走进家门，母亲就急不可耐地忠告他："你又到哪里野去了？还不快去复习数学，像你这样，将来怎能考得上大学？"

"哼，上大学，上大学，我就不信不上大学就混不出人样！"受逆反心理驱使，一气之下，中学生又跨出了家门，母亲的一番苦心白费了。

这样看来，仅有为别人着想的良好愿望还不行，忠言也需要技巧，否则就会收到相反效果。

如果我们注意批评和忠告的三个要素，你的忠告就可能会被人接受，忠言也就顺耳起来了。

（1）言语谨慎，态度诚恳，是忠告的第一个要素。

忠告的根本出发点是为对方着想。因此，要让对方明白你的一番好意，就必须谨慎行事，不可疏忽大意，草率回复。此外，讲话时态度一定要谦和诚恳，用语不能激烈，也不必过于委婉，否则对方就会产生你在教训他或你假惺惺作态的反感情绪。

（2）选择适当的时机和场合，是忠告的第二个要素。

例如，当下属尽了最大努力而事情最终没有办好时，此时最好不要向他们提出任何忠告。如果你这时不适时宜地说“如果不那样就不至于这么糟了”这类的话，即使你指出了问题的要害且很在理，下属心里也会产生反感，效果当然就不会好了。相反，如果此时你能说几句“辛苦你了”“你已做了最大的努力”“这事的确比较难办”的安慰话，然后再与下属一起分析失败的原因，最终下属是会欣然接受你的忠告的。

除此之外，在什么场合提出忠告也很重要。原则上讲，提出忠告时，最好一对一，避开耳目，千万不要当着他人的面向对方提出忠告。因为这样做，对方就会受自尊心驱使而产生抵触情绪。

（3）不要比较，是忠告的第三个要素。

不要以事与事和人与人之间比较的方式提出忠告。因为此时的比较，往往是拿别人的长处比对方的短处，这样很容易伤害对方的自尊心。

例如，“我说三子呀，你看隔壁家的二毛多有礼貌，多乖啊！你和二毛同年生，还比他大两个月哩，你要好好向他学习，做个好孩子哟！”一位母亲这么忠告自己的儿子。

“哼，整天说二毛这也好，那也好，干脆让他做你的亲生儿子算了！”儿子的自尊心受到伤害，母亲的忠告效果适得其反。

批评宜与表扬兼用

欧美一些企业家主张使用“三明治”批评方法，即在批评别人时，先找出对方的长处赞美一番，然后再提出批评，而且力图使谈话在友好的气氛中结束。这种两头赞扬、中间批评的方式，很像三明治这种中间夹馅儿的食品，故以此命名。用这种方式处理问题，对方可能不会太难为情，减少了因激怒而引起冲突的可能性。这种方法在很多情况下是比较有效的，其优点就在于由批评者讲对方的长处，起到了替对方辩护的作用，令对方更容易接受批评。

当我们听到别人对我们的某些长处表示赞赏之后，再听到他的批评，心里往往会好受得多。1896 年麦金莱竞选美国总统时，也曾采用过这种方法。那时，共和党有一位重要人物替麦金莱写了篇竞选演说，他自以为写得高明，便大声地念给麦金莱听，语调铿锵，声情并茂。可是，麦金莱听后，却觉得有些观点很不妥当，可能会引起批评的风暴。显然，这篇讲稿不能用。但是，麦金莱把这件事处理得十分巧妙。他说："我的朋友，这是一篇精彩而有力的演说，我听了很兴奋。在许多场合中，这些话都可以说是完全正确的。不过用在目前这种特殊的场合，是不是也很合适呢？我不能不以党的观点来考虑它将带来的影响。请你根据我的提示再写一篇演说稿吧，然后送给我一份副本，怎么样？"那个重要人物立刻照办了。

许多成功的领导者在批评下属的时候都会注意采用批评与表扬兼用的方法，这使得他们总是让下属心服口服。

某人进入一家公司服务，这家公司是由个人承包的企业。它的承包人是一位脾气暴躁的经理，他在批评下级的时候，常常是声色俱厉，毫不留情，令下级无地自容。但是，每次批评到最后，他的表情会来个 180 度的大转弯，和颜悦色地说："你到底是怎样弄成这个局面的？"下级就立刻感到无比温暖。

这位经理真是把批评的艺术运用到了炉火纯青的地步！他虽然要求很严格，但是很得下级的敬重。这正是因为他懂得批评与表扬一张一弛的道理。

日本著名企业家松下幸之助也很精通这样的批评方法。有一次，下属后藤犯下一个大错。松下怒火冲天，一面用挑火棒敲着地板，一面严厉责骂后藤。骂完之后松下注视挑火棒说："你看，我骂得多么激动，居然把挑火棒都扭弯了，你能不能帮我把它给弄直呢？”

这是一句多么绝妙的请求！后藤自然是遵命，三下五除二就把它弄直了，挑火棒恢复了原状。松下说：“咦？你手可真巧呵！”随之，松下脸上立刻露出了亲切可人的微笑，高高兴兴地赞美着后藤。至此，后藤一肚子的反抗心，立刻烟消云散了。

更令后藤吃惊的是，他一回到家，竟然看到太太准备了丰盛的酒菜等他。

“这是怎么回事？”后藤问。

“哦，松下先生刚来过电话说：‘你家老公今天回家的时候，心情一定非常恶劣，你最好准备些好吃的让他解解闷。’”此后，后藤自然是干劲十足。

批评不能忽略对心灵的抚慰

韩国有这样一个古老的故事。一位名叫黄喜的相国微服出访，路过一片农田，坐下来休息。他瞧见农夫驾着两头牛正在耕地，便问农夫：“你这两头牛，哪一头更棒呢？”农夫看着他，一言不发。等耕到了地头，牛到一旁吃草，农夫附在黄喜的耳朵边，低声细气地说：“告诉你吧，边上那头牛更好一些。”黄喜很奇怪，问：“你干吗用这么小的声音说话？”农夫答道：“牛虽是畜类，心和人是一样的。我要是大声地说这头牛好，那头牛不好，它们能从我的眼神、手势、声音里分辨出我的评论，那头尽了力，但仍不够优秀的牛，心里会很难过……”

这个故事很容易使我们联想到现实生活中的一些事。对照那个对牛体贴入微的农夫，世上的成人、领导和批评他人的人，是不是经常在表扬或批评的瞬间，忽略了对心灵的抚慰呢？

一些父母常常以为小孩子是没有或是缺乏自尊心的，而随意地大声呵斥他们，为了一点小小的过错，唠叨不止。不管是什么场合，有什么人在场，只顾自己说得痛快，全然不理会小孩子是否承受得了，以为只要是“良药”，再苦涩，孩子也应该脸不改色心不跳地吞下去。孩子越痛苦，越说明对这次教育的印象深刻，越能够起到举一反三的作用。

这样的父母，确实想错了。能够约束人们不再重蹈覆辙的缰绳，是自尊和自制。自尊和自制的本质是一种对自己的珍惜和对他人的敬重，是对社会公有法则的遵守与服从。如果一个孩子从小就在无穷的心理折磨中丧失了尊严，无论他今后所受的教育如何专业，心理的阴暗和残缺都很难弥补，而且人格也会潜伏着巨大的危机。

因此，批评别人的时候，千万不能忽略对心灵的抚慰。

奖罚并举效果好

激励的目的是调动人们的积极性，提高人们的素质。在实施中如何把握奖惩的比重呢?

研究表明，奖励总比惩罚效果好。对人行为的积极性提示胜于消极性提示，鼓励胜于劝阻，提出令人愉快的要求胜于责骂。这是因为，奖励作为一种对人们的正强化的信息反馈，不仅给人们一种愉快的反馈信息，而且还给人们某些物质和精神利益的满足，这正是人们所需要和期望的。而惩罚作为一种对人们负强化的信息反馈，不仅给人们一种避讳的反馈信息，而且还会使人们的物质和精神利益受到某种损失，而这却是人们所不希望和惧怕的。

虽然奖励和惩罚都是激励实施中不可缺少的手段，对人们成长和发展都有积极作用。但是，从理论和实践的意义上来说，奖励的效果要比惩罚的效果好。在运用这两种方法时应注意以下几点。

一、相互结合，不可分割

奖励和惩罚虽然是激励的两种不同的手段，但在实施时常常是密切相连、不可分割的。有奖有罚，有罚有奖；先奖后罚，先罚后奖；奖中有罚，罚中有奖；多奖少罚，少奖不罚，如此等等，都是我们日常实践中经常运用的激励方式。任何单位为了调动人们的积极性、规范人们的行为，必须同时制定奖励和惩罚条例，并保证严格施行，不得轻视或取消任何一方。

为了保证激励对大家都有作用，在奖罚时，要将奖罚的标准和承受者的情况向集体成员实事求是地介绍，并施以大家能接受的奖罚形式，帮助大家正确认识奖罚的目的和作用。只有这样才能起到“奖励一人带动全体，处分一人教育一片”的作用。

二、以奖为主，以惩为辅

在奖惩的实践中，要有主有辅，有重有轻，切不可同等对待。一般来说，奖励的次数宜多，惩罚的次数宜少；奖励的气氛宜浓，惩罚的气氛宜淡；奖励的场合宜大，惩罚的场合宜小；奖励宜公开进行，惩罚宜个别进行；可奖可不奖者，奖；可罚可不罚者，不罚；在制定奖励和惩罚条例时，要考虑到人们的期望值和承受力。在对人们的行为进行考察时，要着眼于发掘人们的长处和优点，而尽量淡化和忽略人们的短处和缺点。

三、正面强化、反面强化两种手段都要用

奖励是正面强化手段，即对某种行为给予肯定，使之得到巩固和保持。而惩罚则属于反面强化，即对某种行为给予否定，使之逐渐减退。这两种方法，都是领导者驾驭下属时不可或缺的。

一般来说，正面强化立足于正向引导，使人自觉地去行动，优越性更多些，应该多用。而反面强化，由于是通过威胁、恐吓等方式进行的，容易造成对立情绪，故要慎用，可将其作为一种补充手段。

强化激励，可以获得领导者所希望的行为。但并非任何一种强化激励都会收到理想效果。从时间上来说，如果一种行为和对这种行为的激励时间间隔过长，就不能收到好的激励作用，因此要做到“赏不逾时”。

对违反规章制度的人进行惩罚，必须照章办事，该罚多少就罚多少，来不得半点儿仁慈。这是树立领导者权威的必要手段，西方管理学家将这种惩罚原则称之为“热炉法则”。

“热炉法则”认为，当下属在工作中违反了规章制度，就像去碰触一个烧红的火炉，一定要让他受到“烫”的惩罚。这种惩罚有以下几个特点：

（1）即时性：当你一碰到火炉时，立即就会被烫。

（2）适用于任何人：火炉对人不分贵贱亲疏，一律平等。

（3）彻底贯彻性：火炉对人的伤害绝对“说到做到”，不是吓唬人的。

领导者必须兼具软硬两手，实施起来更要坚决果断。惩罚虽然会使人痛苦一时，但绝对必要。如果执行奖罚之时优柔寡断、瞻前顾后，就会失去应有的效力。

四、有些问题在职场上最好不要谈起

俗话说："病从口入，祸从口出。"言语不慎，便会给自己招致祸患。所以世故的人对人总是敬谨如命，可以不开口的，就尽可能三缄其口。

在现实中，正人君子有之，奸佞小人亦有之，既有坦途，也有暗礁。在复杂的环境中，不注意说话的内容、分寸、方式和对象，往往容易招惹是非，甚至祸从口出。因此，说话小心些，为人谨慎些，使自己置身于进可攻、退可守的有利位置，牢牢地把握人生的主动权，这无疑是有益的。一个喋喋不休的人，会显得缺乏涵养而不受欢迎。西方有句谚语说得好：上帝之所以给人一个嘴巴，两只耳朵，就是要人多听少说。

例如下面这几个问题，在工作中最好不要谈起。

（1）薪水问题。

很多公司不喜欢员工互相打听薪水，因为同事之间工资往往有差别，所以发薪时老板有意单线联系，不公开数额，并叮嘱不要让他人知道。"同工不同酬"是老板常用的一种奖优罚劣的手法。它是把双刃剑，用得好，激励员工不断奋斗；用不好，就容易引发员工之间的矛盾，而且矛头最终将会直指老板，这当然是老板们所不想见到的，所以老板们对喜欢打听薪水的人总是格外防备。

有的人打探别人时喜欢先亮出自己的底牌，引诱别人谈论自已的情况。比如先说“我这月工资 ××，奖金 ××，你呢？”如果对方没自己钱多，他会假装同情，心里却暗自得意。如果对方比自己钱多，他就会觉得不平衡了，表面上可能是一脸羡慕，私底下往往不服，这时候大家就该小心了。

如果你碰上这样的同事，最好早做打算。当他把话题往薪水上引时，你要尽早打断他，说公司有纪律不谈薪水。如果他语速很快，没等你拦住就把话都说了，也不要紧，用外交辞令冷处理：“对不起，我不想谈这个问题。”这样就不会有下次了。

（2）个人隐私。

随便说话的害处是非常多的。比如某君有不愿被人知的隐私，你说话时偏偏在无意中说到他的隐私，“言者无心，听者有意”。他会认为你是有意跟他过不去，从此对你心怀芥蒂。每个人都有自己的秘密，都有一些压在心里不愿为人知的事情。同事之间，哪怕感情不错，也不要随便把你的事情或秘密告诉对方，这是一个不容忽视的问题。

你的秘密可能是私事、也可能与公司的事有关。如果你无意之中说给了同事，很快，这些秘密就不再是秘密了，它会成为公司上下人人皆知的事。这样，对你极为不利，甚至会让同事多多少少对你产生一点儿“疑问”，从而对你的形象造成伤害。

还有，你的秘密，不小心泄露的对象一旦是一个别有用心的人，他虽然不可能在公司进行传播，但在关键时刻，他也许会拿出你的秘密作为武器来攻击你，你的竞争力就会大大的削弱。

总之，无论你心情好与坏，千万别把私事带进工作中。要知道，说出去的话如同泼出去的水，再也收不回来了。

（3）对方的家庭财产情况。

有的人认为别人问及你的家庭财产情况，不回答是不坦率的表现，其实不然，坦率要分人和事，该坦率的时候则坦率，不该坦率的时候，不坦率也无妨。因为在职场中，每个人的秉性不同。

总之，有些话是职场中的禁忌，不宜提及。办公室同事之间容易聊天，但千万不要只图一时痛快，把自己的许多私事都抖出来，不要问令人忌讳的事情，因为一句错话可能会给你带来许多麻烦。

批评时要给对方留面子

有些人总喜欢直言不讳地批评别人，甚至还为自己的“直言不讳”而自豪。敢于直言不讳地批评人，是一个人正直的表现。但是就批评的方法而言，这不见得是最好的方法。

每个人都很爱面子，面子到底是什么东西呢？面子说白了就是尊严。谁都希望自己在别人面前有尊严，被人尊重，被人重视，甚至有些人为了自己的尊严不惜“冲天一怒”。

我们在与人交往时，为自己争得面子的同时，也别忘了给别人留些尊严，这一点非常重要。

在批评别人时，委婉含蓄的语言往往更意蕴深刻。委婉的语言，可以给对方一个台阶，这样不但可以消除许多不必要的烦恼，还能“化干戈为玉帛”，避免形成僵局，增进友谊和团结。

一位老师在批评学生时，就很善于给学生留面子。有一次，他在现场作文比赛中发现一个性格内向的女生的作文是抄袭的。当时，这位老师很想让她站到讲台上来，可静下心来想想，如果真这样做，让她如何在同学面前下台呢？考虑再三，课后老师把她叫到办公室，微笑着对她说：“你的作文有进步，相信你一定花了不少时间，付出了很大的努力。我想在全班同学面前表扬你，你把作文好好改一改，然后在班上朗读，好吗？”小姑娘没有说话，低着头走了。第二天，她拿着改好的作文来了，老师发现她重写了作文，虽没有抄袭的精彩，可老师心里却十分高兴。在班上朗读时，这小姑娘念得十分自信，并赢得了同学们的掌声。当她走下讲台的那一刻，还望着老师笑了。经过这件事以后，小姑娘的作文进步很快。渐渐地，她的性格也从内向变得活泼开朗了。

这就是批评时给别人留面子的作用，如果这位老师劈头盖脸地批评这个学生，也许这个学生的自尊就会受到伤害，从此不求上进了。但是，老师用委婉的方法，巧妙地批评了这名学生，使她认识到了自己的错误，从而改正。

那么在批评别人时，怎样才能够做到给别人留面子呢？

（1）要注意方法。

不少人批评别人时不注意方法，以心直口快为原则，即使因言语不当而产生矛盾，他们也每每以“我说话只会直来直去，不会拐弯抹角”为理由替自己开脱。殊不知这“心直”固然可嘉，但“口快”却未必值得称道。同样的情况，用比较委婉的方法，往往能起到更好的效果。

现代著名诗人柳亚子吟诗成文，很受人们欣赏，他的书法流畅奔放，但却很潦草，不易为人所识。书画家辛壶不直说柳亚子先生的字迹潦草，却委婉风趣地说柳亚子先生的字是“意到笔不到”，使柳亚子极为佩服。

（2）要注意自己的语气。

当要批评某人时，最好以亲切的语气，以称赞和表扬的话作为开场白，因为这样具有建立友好气氛的作用。这种气氛有利于被批评者感到你不是在攻击他，并使他自觉放松。一个正在受训斥的人的本能反应就是准备保护自我，而带着防御心理状态的人是不容易接受你的意见的。

我们可以尝试一下这样的开场白：

“某某，你写了一份了不起的材料，你肯定看了不少参考书籍，但是，有一点……”“某某，自从你到我们科室后，成绩非常出色。对你所取得的所有成绩，我们表示赞赏。只是有一点我们觉得你应该改一下，我知道你一定愿意……”“某某，在这之前我们一直合作得很好，别人是否有什么原因使你……”，等等，诸如此类的话语。

如果在批评中伤害了别人的感情，那么别人明明能够改正的事情也会变得越来越糟，所以在批评别人的时候，一定要注意给别人留一点儿面子，不可用伤害其自尊的话来刺激他，这样会适得其反。

第六章

这样说话让你在职场游刃有余

日常工作中不难发现这样的同事，他们虽然思路敏捷、口若悬河，但刚说几句就令人反感，所以别人很难与他和谐相处。而那些谦虚豁达的人总能赢得更多的知己，获得他人的敬佩和认可。

巧妙应对面试中的提问

应聘是现阶段许多人的求职途径，面对考官的提问，高明的应答技巧能较好地提高面试成绩，给领导一个良好印象，尽快获得工作机会。在应聘时可把握以下几点。

一、有问必答

不管面试官问什么问题，都要作出回答，这是最基本的原则。面试官有的问题虽然刁钻，但可能是测试你的应对技巧和反应能力，不管你反应能力如何，总得有一个答案，如果拒绝，或者说"这个问题很难回答……"那么，你面试成功的机会就少了。

二、坦率

有些专业性很强的问题，你确实不懂，就坦率承认，千万别说"我想想……"，却怎么想也没有结果，会给考官留下不懂装懂的印象，有时考官出这一类的问题纯粹是想验证一下你是否诚实，如果你坦率承认自己不懂，就正好通过了考官对你在这方面的测评。

三、用外交辞令应急

有些问题如果硬要回答会漏洞百出。比如，考官问你“如果把这个职位交给你，你有什么样的工作计划？”如果你有很丰富的相关工作经验和对这个单位状况的分析，也许能把工作计划说得头头是道。如果你并不能说出工作计划，你可以回答：“我只有在接手这个职位后，才能根据实际情况制订相应的工作计划。”这样会给考官留下你是一个不空谈，比较注重实际的稳重型人才的印象。

四、侧面回答

有些问题的正面回答等于是否定自己，因此要设法将可能否定自己的话，转化成肯定自己的话。例如，考官问你是否曾在食品厂工作过，但实际你却只在酒厂工作过。如果你据实回答这个问题，答案只能是“没有”。你可以这样说：“没在食品厂工作过。但我在酒厂工作多年，我认为酒厂与食品厂在某些工艺上有相似之处，而且企业管理方式应该是相通的。”这等于变否定为肯定。

五、反戈一击

面试官的有些问题可能太过刁钻，而且实在无法回答，不妨反戈一击，反问对方，也能起到意想不到的效果。例如，民国时期，某主考官见一位朱姓考生知识渊博，思维敏捷，各类问题对答如流，突发异想，抛开原定题目，出了一道偏题：“《总理遗嘱》在每次的纪念周会上都要诵读，请你回答这篇文章一共多少字？”这下可真把朱某考住了。他暗想，主考官出此题目未免脱离常规，既然有意刁难，录取必然无望，就不管一切，大胆反问：“主考官的尊姓大名，天天目睹手写，也已烂熟，请问共有几笔？”主考官想不到应考者竟会如此反问，一时愣住。事后，主考官十分赏识朱某的才能和胆识，于是将其录用为县长。

六、大题小做

考官有时会问一些“很大”的题目，比如问“说说你自己”，至于说你自己什么内容，并没有限定，但他要的答案并不是“你自己”事无巨细的全部，因此，你必须“小”做，不要没选择、没目的地说。一般说来，“大”题目“小”做的技巧是，围绕你应聘的职位来谈，以“说说你自己”为例，与应聘岗位相关的知识、技能、经验方面即为“小”，考官如果有兴趣再了解你的其他情况，他会继续发问的。这样的问题往往出现在面试开始时，考官等于不出任何问题，而让你先打开话匣子，因此，你必须有意识地把话题拉到你的能力、性格、优点、学识、经验等方面来，不要错过这样表现自己的好机会。

友好地与同事相处

身在职场，必然要与同事一起工作。与同事友好地相处，尤其是通过与同事的语言交流，获得同事的好感和信任，是需要我们慎重对待的。

在和同事交往的时候，要注意说话的技巧。话太少不行，话少人家会认为你不合群、孤僻、不善交往；话多了也不行，话多了容易让别人反感，而且也容易让别人误解，认定你是个话唠。所以说话一定要讲分寸，该说的要说，还要说得到位；不该说的，一定不说，要适时打住。

一、和蔼可亲的态度使人愿意亲近

如果你在办公室整天拉长着脸，好像大家都对不起你似的，同事自然不敢与你交谈。这样，与同事的关系就会停滞不前，你的人生乐趣也会减少许多，你拒人于千里之外，就等于画地为牢。如果不能与同事建立良好关系，上班很可能会成为你的“噩梦”。

二、善于夸赞同事的优点

每个人都希望能引人注意，希望别人知道自己的优点，因此，当你的同事有很好表现时，你应该诚心诚意地表示称赞。

三、言出必行，信守承诺

如果你对同事有承诺，一定要尽力做到。有信用才能赢得别人的信赖，自己也才能心安理得，一旦你获得同事的信赖，办事就能无往不利了。

四、尊重同事的隐私权

中国人一向喜欢以嘘寒问暖来表达关怀之意，但有时往往流于议论别人的私事。因此，与同事相处时要尊重他人的私生活，避免谈论同事的私生活，尤其是一些不好的事情，如果以讹传讹，将会对同事造成严重的伤害。

五、与同事相处要公私分明

有些人因为与一些同事私交很好，在办公室仗着私下关系亲密，而态度随便或有所偏袒，这种公私不分的态度很容易引起他人的反感。如果夫妻或情侣在同一单位工作，上班时间最好不要常常腻在一起谈话，以免引起其他不必要的风言风语。

六、和同事交谈切勿吹毛求疵

如果有人无理取闹，你应该保持镇静，不可太过暴躁。有时这种宽容的态度，并非不辨好坏或是忍气吞声，反而会让别人觉得你平易近人。提高自己地位最好的办法就是虚怀若谷，乐于取人之善为善，而非任意贬损他人的优点及成就。

七、不要与同事发生口角

同事是和自己站在同一战线上的伙伴，不要为了逞一时口舌之快或意气之争而损害对方的自尊心和利益，否则以后就很难再获得他们的友谊了，所以，你必须控抑制自己激动的情绪。

八、要时常反省自己

平常多多反省自己的行为，是很重要的。不要轻易动怒，不要对别人冷嘲热讽，否则大家会在工作中刻意避开你，这样你就很难与同事合作。与同事相处难免会有意见不合的时候，如果对方指出自己的过错，应欣然接受，并请对方清楚说明。

九、办公室不是互诉心事的场所

许多爱说话、性子直的人，喜欢向同事倾吐苦水。虽然这样的交谈富有人情味，能使你们之间变得友善，但是很多研究调查表明，只有不到1%的人能够严守秘密。所以，当你的个人危机如失恋和婚外情等发生时，你最好不要到处诉苦，不要把同事的“友善”和“友谊”混为一谈，以免成为办公室的注目焦点，也容易给老板造成问题员工的印象。

十、办公室里最好不要辩论

有些人喜欢争论，一定要胜过别人才肯罢休。假如你实在爱好并擅长辩论，也建议你最好不要把此项才华在办公室展示。否则，即使你在口头上胜过对方，但损害了对方的尊严，对方可能因此记恨在心，说不定有一天他就会用某种方式还你以“颜色”。

把陌生人变成朋友

许多人在和陌生人说话时都会感到拘谨。这主要是因为他们对陌生人一无所知，特别是进入了充满陌生人的群体后，有些人甚至还有不自在和恐惧的心理。想要消除这种拘谨，首先要在心中有一种乐于与人交朋友的意愿，要设法把陌生人变成朋友，心里有这种需求，才能有适当的行动。

有些人给你的第一印象可能不太好，可是也应该学会与他们谈话从而深入了解他们。要知道，人都有以自我为中心的习惯，如果你对自己不感兴趣的人不屑一顾，一句话都不说，恐怕也不是一件好事。你可能会被人认为是自负，甚至有些人会把这种冷落当作侮辱，从而产生隔阂。和陌生人谈话时，要把握以下两点：第一，要有礼貌；第二，不要触及双方的私事。这是为了使双方自然地保持适当的距离，一旦你愿意和他结交，就要一步一步设法减小这种距离，使双方融洽相处。

和陌生人谈话，要更加留心对方的谈话内容，因为你对他所知有限，更应当重视能够得到的任何线索。此外，他的声调、眼神和回答问题的方式，都可以揣摩一下，以决定下一步是否能向纵深发展。

遇到那种比你更羞怯的人时，你更应该跟他先谈些无关紧要的话，让他心情放松，以激起他谈话的兴趣。和陌生人谈话的开场白结束之后，要特别注意话题的选择。要尽量避免那些容易引起争论的问题。为此，当你选择某种话题时，要特别留心对方的眼神和小动作，一旦发现对方出现厌倦、冷淡的情绪，应立即转换话题。

刚刚相识的人毕竟还有些生疏感，交谈难以深入，这就很容易出现冷场的现象。交谈中发生冷场大体有三种原因：一是问题提出后对方需要思考，或者有什么干扰不便继续交谈。这时一方或双方可以耐心等待，不必打破这种正常的沉默。二是由于时间限制或主意改变，对方不想再谈下去了，往往会以沉默不语来暗示。这种情况，就要准确判断，懂得适可而止，不要让对方为难，不然只能是“一厢情愿”。三是由于双方相互不了解，不知怎样谈才比较得体，或是一方提出的问题难于回答，使人越发拘谨，影响了交谈的进行。这种谈过几句就冷场的现象经常在与陌生人初次交往的过程中出现。很多人之所以不愿与陌生人交往，其主要顾虑就是怕无话可说，或是与对方话不投机。遇到这种沉默的情况，就要巧找话题，打破沉默。

一般与陌生人说话应把握以下几个方面。

（1）扬长避短。

人人都有长处，也都有短处。人们一般都希望别人多谈自己的长处，不希望别人多谈自己的短处，这是人之常情。跟初交者交谈时，如果以直接或间接赞扬对方的长处作为开场白，就能使对方高兴，从而产生好感，交谈的积极性也就得到极大激发。反之，如果有意或无意地触及对方的短处，对方的自尊心受到伤害，就会感到“话不投机半句多”。

（2）表达友情。

用三言两语恰到好处地表达你对对方的友好情意，或肯定其成就，或赞扬其品质，或欢迎其光临，或同情其处境，或安慰其不幸，等等，这样的话可以温暖他的心田，使对方产生一种一见如故、欣逢知己的感觉。美国有一个极具人情味的服务项目——全天候电话聊天。每个月有近两百名孤单寂寞者会使用这个电话。主持这个电话的专家们最得人心的是第一句话：“今天我也和你一样感到孤独、寂寞、凄凉。”这句话表达的是对孤单寂寞者的充分理解之情，因而与其产生了强烈的共鸣，难怪许多人听后都愿意掏心掏肺地向主持人倾诉。

（3）添趣助兴。

用风趣活泼的三言两语便可扫除初次交谈时的拘束感和防卫心理，以活跃气氛，增添对方的交谈兴致，这是炉火纯青的交际艺术。

与上司的相处之道

作为下属，每日都在同上司打交道，要熟识上司的各种言行举止、脾气爱好、行事作风，这就要求下属更多地看到并学习上司的长处。如果总把眼睛盯在上司的缺点上，你不但在心态上难以同老板沟通，更容易有意或无意地把这些缺点告诉其他人，造成不好的影响，使你同上司的关系不断恶化。因此，下属更要注意勿起恃才傲物、轻慢领导之心。若是在闲谈中不经意地流露出对领导的不敬，或者对其缺点大肆宣扬，这不亚于自取其祸。

在你的上司面前，可以适度地忍让，以满足他的优越感和虚荣心。这种忍让是有限度的，绝不能一味迁就，否则会让人觉得你简直就是上司的影子，没有任何独立的思想。完全附和上司的一切，你就失去了自己。这样不但上司不重视你，就连下属也瞧不起你。

如果把上司看成你命运的主宰、成功的阶梯而逢迎他们；或是把他们看作是高高在上的，与自己毫不相干的人，除了公事来往，彼此不闻不问，敬而远之；抑或觉得他们学历比自己还低，对他们不屑一顾，这样都不易与上司相处。

怎样才能做到逢迎取巧，忍亦有度呢？

（1）尊重主管人员的职权。

在上司没有主张之前，有什么意见和建议尽管提出，一旦上司已拿定主意，你就不要再争议。

（2）公事公办。

严肃也好，随便也罢，让上司去选择。不要怕上司，不要看到他就手足无措，也不要把他当作重要人物来崇拜。不卑不亢是起码的态度。

别千方百计地讨好上司，更不要牺牲同事来博取上司的欢心。但是适时地称赞未尝不可，当上司有好办法、妙主意时，可以向他表露你的赞美、崇拜之意。

（3）做好本分工作。

你工作有成绩，他也有一份功劳。你与上司处得越好，干得就越起劲，你帮他把事情办好，自己的前途也越光明。

（4）对上司应以诚相待。

如果在业务上有两位以上的上司，你必须认清谁是你的直接主管，有关业务问题应向他请示，获得他的信任与支持。另一上司交给的任务，在不相冲突的情形下，也应尽力去办理；如果与直接上司的指示相冲突，你应委婉陈述困难，求得谅解，不可以在两位上司之间投机取巧，否则你会左右不讨好。

（5）不要伤害上司的自尊心。

例如，不要越级呈请，不可当众谈论上司的私事，与上司意见不合时，要选择合适的方式提出。

（6）谨慎汇报困难。

不要时常向上司汇报困难，如果要说困难，尽可能同时提出解决困难的有效方法；否则，上司可能会低估你的办事才能。

（7）小事不必件件请示。

有些事等到有圆满的结果时再向上司报告，这样会加深上司对你的良好印象。但是要使上司了解情况，无论好的或坏的消息，都要及时报告。

（8）遵纪守法。

即使上司十分信任你，也应遵纪守法，不能做任何擅自专行的事；否则，就会侵犯上司的职责或抢夺同事的功劳。

（9）与领导讲话应客气、礼貌。

不要随意的嬉笑怒骂，不把领导当回事。如果这样，即使你有天大的本事，领导也不会喜欢你。

在路上与领导相遇，应主动打招呼，这是下级对上级最基本的礼貌，领导最忌讳那种一见领导过来便躲起来，或装着没看见的举动。

给领导提意见时要注意场合和分寸，根据不同领导的个性，选择行之有效的方法提出自己的意见或建议。

与领导交谈，要尽可能简明扼要地说清要汇报的问题及要求，不要喋喋不休，耽误领导的时间。

除非特殊情况，不要轻易打断领导讲话，或中断领导出席的会议。

在领导的办公室内，不要随意翻阅公文、信件，要注意不该看的不能看。

不要在领导面前总是点头哈腰说领导的好话，时间久了领导会觉得你这个人很俗气。

与下属要和谐相处

与员工建立良好关系的第一步，便是珍惜与员工相处的机会，让他们乐于工作，但是，有时候事情并不像想象中那么容易，正所谓“用人者，亦为人所用”“使人者，犹如木工之使木也”。

常听到一些人抱怨他们的上司：“统治欲望太强烈了，老是命令员工要这么做，不要那么做，烦死了。其实，有些时候也不见得他说得不对，不知为什么，就是老大不乐意。在他手下谋职跟过去在衙门里当差似的，真没劲！”

也许上司说的并没有错，可为什么不能把手下人都团结起来呢？根本原因就在于说话的方式。人人都有自尊，是独立的个体，每个人都希望按自己的意思做几件像样的事情，而一个老是告诉你“应该这样，不应该那样”的上司是不允许你这样的。被上司一天到晚指使不停，只能被动地接受上司的旨意，这样只会使员工反感，做事也提不起劲。“你要我这么做，我就这么做，至于结果咋样，反正我不管。”于是，难免大小错误层出不穷。

聪明的上司很少对他的下属发号施令，而是常常以商量的口吻说：“如果是你，你会怎么做呢？”“你的看法如何？”“还有什么别的意见？”这样互相讨论，对下属表示充分的重视、赏识，使下属倍感亲切，工作的时候员工就会有动力、有干劲，充分发挥他们的创造力，还可以进一步完善原来的计划。

上司应该积极与下属讨论，激发他们的创造力，这样不仅可以使关系融洽，而且可以提高效率，收到事半功倍的效果。

所以，上司应该利用平时与员工交谈的机会建立起良好的形象。那么在实践过程中，上司应该怎么做呢？

（1）不要一味地责骂下属的过失。

与其指责员工的过失，不如强调改过之后的益处。有些主管只知一味地责骂下属的过失，而不肯定他们认真负责的一面，这会使员工产生挫折感，甚至感到愤怒。比方说甲被交代办理一件事，他很努力地加班了好几天，但却因为一点儿疏忽而被上司骂得一无是处。这时甲必定会心生不满，认为自己只不过犯了一个小错，其他付出的心血难道就不值得一提吗。结果就是甲可能因为不服气而产生极大的反感。

面对这种情况，主管不妨这样说："谢谢你帮我这个大忙，不过似乎有一点儿小问题，麻烦你再帮我修改一下，我相信你一定会处理得很完美。"

（2）通过第三者提醒员工的过失。

某公司招募了几位新人，这些新人的做事能力都不错，但态度上稍显轻浮，这使得主管相当困扰。最后他找来一位资深的员工，希望他在闲谈之余，提醒这些新人注意自己的态度。这招果然奏效，这些新人从此在行为举止上收敛了不少。

通过第三者提醒他人过失可以缓和关系，效果较为显著。不过，在使用这个方法时，一定要谨慎选择传话的人，避免"狐假虎威"，反而给对方留下一个恶劣的印象。

（3）应先说些为对方着想的话，其后才点出其缺失。

有句俗语说："骂一，夸二，教育三。"意思是说，当你要责备对方时，只要指责他一点的不是，然后夸赞他两点，再乘机教育他三点，自然能达到你的目的。

美国百货大王华纳·麦克，有一次指责员工对顾客服务不周时，他对员工说："你最近似乎情绪不稳，我很担心你是不是遇到困难，如果有，不妨告诉我，我希望能帮得上忙。"当对方表示没有时，他便接着问："那是有别的事困扰你吗？否则依你平日的表现，怎么会有顾客投诉呢？"对方一听，自然觉得十分羞愧，从此对顾客的态度十分和善，也得到不少来自客户方面的好评。

（4）不要在众人面前指责员工。

人都有自尊心，因此即使员工有错，你也不可以在其他同事面前指责他，伤害其自尊心，最好的方式是在众人面前褒奖，私下指正错误。

（5）称赞女员工时，夸赞她的办事能力尤为重要。

在办公室中，男女员工应该得到平等对待，如果常以女员工的外貌和装扮为称赞的重点，会使对方认为你歧视女性。不妨称赞其在办事上的杰出表现，那样更容易让对方觉得受尊重。

（6）对于下属的意见应该专心聆听。

如果员工有意见想表达时，你应该鼓励他勇敢地说出来，并且仔细聆听对方的意见，如果遇到不清楚的地方，可以面带微笑地请他再重述一次。等到对方完全说完之后，再针对疑问进行讨论。

（7）应避免用命令的口气。

一般上司要求员工做事时，很可能会有两种情形：一是以命令的口气要求下属“你要……”“你应该……”另一种则是借询问的语气来传达自己的意思：“如果换作是你，你会如何处理呢？”对大部分下属而言，他们普遍喜欢后者。因为命令的语气会使对方觉得不受尊重，认为上司将自己视为奴仆般指使，很容易造成反感。

（8）当下属指出自己的错误时，应该勇于接受。

许多上司自以为位高权重，如果被员工指出错误，常常不肯认错而且怀恨在心，日后更是百般刁难。其实上司和员工应该是同心同德的。人非圣贤，孰能无过，坦率地接受建议并且及时改进，谦虚的美德将使员工对你更加心服。

（9）对下属应该一视同仁。

上司要与员工建立良好关系，必定要先使员工心服，因此对待员工要平等视之，避免使员工认为你有失公正。

在行政岗位要慎重说话

在机关事业单位的行政岗位工作，由于约束太多所以你的言行举止要倍加小心。尤其是说话，说多了不是，说少了也不是，沉默也不一定是金。

那么怎么才能恰到好处地说话呢？在说话时应该注意以下几个方面。

一、要多说正确的话，哪怕没有用

初来乍到，在单位一句话不说会显得很不合群，不过多说正确但没用的话是没错的。那么，什么是正确但没用的话？首先是原则性极强的话，这些话不是来自党纪、政纪，就是来自法律、法规，而且人人共知，虽有画蛇添足的嫌疑，但是很保险。同时我们作为一名普通的员工，要扎扎实实地做好具体工作。

二、要多说表扬的话，哪怕有所隐瞒

人在本性上是很喜欢被表扬的，其实我们并不是要投其所好，但是多说些别人爱听的话，让人心情愉悦，营造一个良好的氛围也不是一件坏事。例如隔壁办公室的大姐姐身着新衣服兴冲冲地来问你：怎么样，好看吗？你抬头一看，虽然有点儿大跌眼镜，但我们可以从侧面进行表扬："不错啊，很艳丽，显得很青春，很有活力嘛！"记住，在说话过程中，对方的缺点在不违背原则或影响大局的情况下可以弱化，避免触到别人的痛处。

三、要认清自己的定位，明白自己的工作职责

也许你的话很有道理，也许你是为领导好，但是超越了自己的职权，去干预其他工作，这是职场的大忌。因为你只是个员工，要摆正自己的位置，操了太多领导应该操的心，会适得其反。

四、不说同事之间的恩怨是非

越是在人际关系复杂的办公室环境里，每个人越会有更多的难言之隐，更会有"说不清、道不明、剪不断"的陈年旧事。说得太多，会把本来是置身事外的自己搅得不明不白。

五、学会自我解嘲，用幽默的语言化解尴尬

有时，会有一些素质不高的人，有意无意地向新来的同事"挑刺"。这时，既恼怒不得，又不能忍气吞声。用幽默的语言化解掉，

既能博大家哈哈一笑，又能展现自己的修养和素质。

幽默说话可先从字面入手。看看事物的名称或对话的内容是否有谐音可加以发挥，是否有词语可粘连，从而迅速引发一番妙论。幽默说话，还可采用“歪曲”的独特手法。在善意的微笑中，揭示对方话语中的不通情理之处。

清末著名才子纪晓岚很善于运用言语，留下了许多千古佳话。有一回，乾隆皇帝考验纪晓岚的辩才，便问纪晓岚：“纪爱卿，‘忠孝’二字当作何解释？”

纪晓岚答道：“君要臣死，臣不得不死，是为忠；父要子亡，子不得不亡，是为孝。”

乾隆立刻说：“那好，朕要你现在就去死。”

“臣领旨。”

“你打算怎么个死法？”

“跳河。”

“好吧！”乾隆当然知道纪晓岚不可能去死，于是静观其变。不一会儿，纪晓岚回到乾隆皇帝跟前，乾隆笑道：“纪爱卿何以未死？”

“我碰到屈原了，他不让我死。”纪晓岚回答。

“此话怎讲？”

“我去到河边，正要往下跳时，屈原从水里向我走来，他说：‘晓岚，你此举大错矣！想当年楚王昏庸，我才不得不死；

可如今皇上如此圣明，你为什么要死呢？你应该回去先问问皇上是不是昏君，如果皇上说他跟当年的楚王一样是个昏君，你再死也不迟啊！’”

乾隆听后，放声大笑，连连称赞道：“好一个如簧之舌，真不愧为当今的雄辩之才。”

这里，乾隆是根据纪晓岚提出的“君要臣死，臣不得不死，是为忠”之论叫他去死，此令顺理成章，纪晓岚临阵进退皆无道理，只有迂回出击，方能主动创造契机，指出“如果皇上承认自己是昏君，我就去死”。而乾隆当然不可能承认自己是昏君，所以，纪晓岚很自然地也就把自己从“死”中解脱出来。

在行政岗位，对于一些不能得罪的人提出的难题，不要急于做正面的反击，可以采用迂回的策略，尽量避开对方的优势，趁势抓住对方的漏洞，不动声色地予以反击，进攻其薄弱的环节，从而克敌制胜。

学会转移话题

说话过程中，对方有意无意地提及我们心中的隐痛、忌讳或者不愿回答的问题时，如果避而不答，或者沉默不语，会使双方都感到很尴尬。这时最好的方法就是转移话题，使在场者的注意力从这个话题上挪开。对方见我们对这个问题不予理睬，会很快意识到自己的鲁莽和无礼，从而不再追问。

某公司一位女士结婚，在公司散发喜糖，大家吃着喜糖，都高兴地向这位女士祝福。刚巧该公司有一位尚未谈恋爱的大龄女青年，突然一位科员开玩笑地对那位女青年说："喂，什么时候能吃到你的喜糖呀？"大家瞬间都望着那位女青年。那位女青年脸微微一红，把脸转向邻近的一位女同事，然后指着那位女同事身上的一件款式新颖的上衣问："咦？这件上衣什么时候买的？在哪个商店买的？"两个人便兴致勃勃地谈起了那件衣服。

这位女青年很聪明，她使用的方法很巧妙。在大庭广众之下问大龄女子何时结婚确实是件很尴尬的事情。女青年碰到这个很不礼貌的问题时，处境十分尴尬，回答不好可能会引起大家的闲话，使自己陷入更加尴尬的局面。于是她立刻把话题转移到同事的衣服上，借以回避对方无聊的问题。对方受到毫不掩饰的冷落，自然也认识到自己的失礼，便不再继续追问了。

由此可见，在职场交往中，巧妙地转移话题是摆脱尴尬的有效方法。其实，巧妙地转移话题，还有一种方法，那就是截断话题。截断对方的问话或请求，在对方还没有说出，或者还没有说完某个意思时，就迅速按另外方向的思路回答，一是可以转移其他听众的注意力；二是可以使对方领悟，改换话题，免于因说破而造成尴尬局面和其他不良后果。

公司中的一对青年男女在一起工作，男方逐渐对女方产生了爱慕之情，急于要表白心意。女方虽然心领神会，但是却不愿将友情向爱情方面发展。女方认为还是不要说破，保持一种纯真的朋友情谊为好。于是，当这名男青年找到机会向那位女青年表白的时候，出现了下面的对话：

男青年："我想问问你，你是不是喜欢……"

女青年："我喜欢你给我借的那本英语书，我都看了两遍了。"

男青年："你看不出来我喜欢……"

女青年："我知道你也喜欢学习英语，以后咱们多交换学习心得吧！"

男青年："你有没有……"

女青年："有啊！互相切磋，多向你学习，我早就有这个想法。"

男青年："……"

这位女青年三次截断男青年的话题，使男青年明白了她的想法，于是，只好不再追问。这比让他直率地问出来，女青年当面拒绝自然要好得多。

截断话题要求才思敏捷，口语技巧娴熟。在使用这一技巧时，要注意以下几点。

首先，截断问话前要摸准对方的心理，"你一张口我就知道你要问什么”“未闻全言而尽知其意”，这比错答的要求要高。其次，要能抢得自然恰当，比如从“喜欢”人而引论到“喜欢”书，能瞒过在场的其他听话人。最后，“断答”往往需要几个回合才奏效，因为抢一两次，对方还不能领悟到答话者的真意，或者知道但是不甘心，这就要求“连抢”多次，才能不露破绽地达到目的。虽然说截断难度大，技巧性强，但若运用得当，效果就会很好。

总之，在拒绝对方的时候，巧妙地转移话题不失为一种高超的方法。如果能够在对方提出要求的时候，将对方的话题巧妙地转移开来，就会避免直接拒绝的尴尬。

与上司讲话要注意尊重上司

上司作为一个部门领导或公司高管，有一定的权威和尊严。所以，在和上级讲话的时候要注意给上级留面子，维护上司的尊严，这样才能够和上级更好地沟通。

小王这几天对自己的部长很不满意，到处发牢骚。原来别的部门要从小王所在的部门调一个人过去，小王很想换一个部门尝试一下，而且那个部门是做技术的，小王正好有这方面的特长。

于是在部长向员工征询意见的时候，小王就主动向部长表示自己愿意过去。但是部长好像根本就没有注意到他，最后反而让别人去了。更让小王郁闷的是，调过去的人对于技术根本一窍不通。

小王为什么没有能够如愿以偿呢？仔细分析起来，是他与上司交流的方式有问题。

作为一名下属，这样迫不及待地直接向上级要求调去另外一个部门，作为上司会感到很没有面子，“难道你就这么不愿意待在我领导的部门里吗？”他自然就不会顺顺利利地让小王去了，就算换了别人，估计也不会让小王就这么去别的部门工作。

如果小王能够换个方式，找个没有旁人在场的时候和上司好好谈谈，向他表示：“我很不愿意离开这个部门，我很想继续被你领导。但是我觉得自己对于这份工作是一个比较合适的人选，如果让我过去试试，我一定很感谢领导对我的栽培。”相信这样的话小王的领导会乐意让小王过去的。

所以，在和上司交流时给上级留面子是很必要的。和小王比起来，宋先生做得就很好。

宋先生在一家比较知名的企业任总经理助理，他的顶头上司贺总是搞技术出身。由于长期在研究领域工作，贺总对于企业管理知之甚少。但出于对技术的钟情与依恋，贺总总是喜欢直接插手技术部门的事，把管理的层级体系搞得乱七八糟，下属们表面上不说什么，但私下里无不怨声载道，让宋先生感到与其他部门沟通协调时倍感吃力。

经过思考，宋先生决定向贺总提出意见。他对贺总说：“真正意义上的领导权威包含着技术权威和管理权威两个层面，贺总您的技术权威已经牢固树立起来了，但是管理权威则有些薄弱，还需要加强。”贺总听后，若有所思。

宋先生巧妙地规劝了自己的顶头上司，获得了成功。后来，贺总果然把越来越多的时间用在人事、营销、财务的管理上，企业的不稳定因素得到有效控制，公司运营进入了高速发展的态势，宋先生的各项工作也顺风顺水，渐入佳境。

给上司留面子，是给上司提意见时必须要注意的方面。首先，要站在上司的立场上给上司提意见，最终是为了维护上司的权威，出发点是善意的、良性的。其次，这种策略是一种温和的方式，能够充分照顾上司的面子，易于被上司接受，成功率较高。另外，它需要很强的综合能力，以及很高的社会修养，并非轻易能够针对不同情况，不断提出有效的兼并上司立场的意见。当我们有意识地培养这方面能力时，久而久之，自身的领导能力亦会迎风而长，甚至出现跳跃式的提升。

那么，在和上司交流的时候，怎样才能够取得良好的效果呢？

首先是要选择适当的时机。提意见时要照顾到上司的心情。请记住上司也是个普通人，当公务缠身、诸事繁杂时，哪怕你的建议极具建设性，他未必有很好的耐心随时倾听。

其次是关注上司反应。谈话时应密切注意上司的反应，通过他的表情及肢体语言所传递出的信息，迅速判断他是否接受了你的观点，并需要适当地举例说明，以增强说服力。

再次是态度一定要诚恳。注意说话的态度和敬语的运用，恰到好处地表达你的意思。由于你的坦率和诚意，即使上司不完全赞同你的观点，也不会影响到他对你个人的看法。

最后是说话内容要简短。上司一般都对下属提出的过长的意见感到不耐烦。如果你能在一分钟内说完你的意见，他就会觉得很愉快，而且如果觉得“有理”，也比较容易接受。反之，倘若上司不赞同你的意见，你也不会因此而浪费他太多的时间。

向上司建议的方式、方法

同事之间发生意见分歧可以商量、争论，甚至可以不照他的意见办。可是与上司有意见分歧却不好办，与上司争论的话有碍情面;不听取上司的意见呢，又不合适;执行吧，又觉得他的意见实在不可取，实在为难。这应该怎么办呢?

如果认为自己的意见是正确的，而别人的意见是错误的，那么，为了避免工作上的损失，就应积极主动地对别人进行解释。在解释时除了耐心、细心，还要注意方式方法。特别是对上司，如果不注意方式方法，那么就会有不尊重上司之嫌。

一、献其可，替其否

“献其可，替其否”，这是《左传》中的一句话，其意思是说，建议用可行的去代替不该做的。在下属向上司“进谏”时，多献“可”，少加“否”，其包括两层含义：一要多从正面去阐发自己的观点；二要少从反面去否定和批驳上司的意见，甚至要通过迂回变通的办法，避免与上司的意见产生正面冲突。

例如，你是一位公司的部门经理，根据业务发展情况需要配一名专管业务的副手，这时你想提拔一位懂业务、有经验的下属担任此职，而上司却准备从其他部门派一名不懂这方面业务的外行人任职。在这种情况下，你可把话题多用在部门副经理应具备的条件和你所提人选已具备的条件上，而不应用在反驳上司所提候选人上。这样既可以避免与上司发生直接冲突，又能把话题保留在自己所提人选上。

你要抓住上司意见中的某一处被你认同的地方，并加以大力的肯定和赞赏，而后，提出相反的意见。这时候，你的意见往往可以被接受。因为你一开始就肯定了上司的意见的某一处价值，就已经打开了进入上司脑中意见库的大门。

在某公司的一次例行会议上，小陈对经理关于质量问题的处理不是很满意。在经理征求大家意见的时候，小陈说：“经理说得对，在产品质量方面，我们的确应当给予充分的重视，这是解决问题的前提之一。我认为，除此之外，我们还应当加强全体员工的质量意识。现在我观察到公司员工的质量意识并不强，工作中有疏忽大意的倾向，这股风气必须刹住，否则质量问题是很难得到彻底解决的。”

“我想，如果我们对各级员工都进行质量意识培训，员工看到公司上层如此重视，自然也就重视起来了。如果真能这么做的话，解决这个问题是不费吹灰之力的，公司也能以更快的速度发展。”

听了这番话，经理不断点头，采纳了小陈的意见，并对他的这种敢于提意见的行为给予了肯定。

提建议时，不要急于否定上司原来的想法，要多注意从正面有理有据地阐述你的见解。要懂得尊重他人意见，尊重上司意见。这样，上司才会承认你的才干。

对上司个人的工作提建议时，尽量谨慎一些，必须仔细研究上司的特点，研究他喜欢用什么方式接受下属的意见。对宽宏大量的上司可直接说出建议，对严肃的上司可用书面建议法，对自尊心强的上司可用个别建议法，等等。

二、把自己的建议变成上司的建议

提建议时，你不要直接去点破上司的错误所在或越俎代庖地替上司做出你所谓的正确决策，而是要用引导、试探、征询意见的方式，向上司讲明其决策、意见本身与实际情况不相符合的部分，使上司在参考你所提出的建议资料信息后，水到渠成地做出你想要说的正确决策。

威尔逊做总统时，在他的顾问班子中间，唯有霍士最得威尔逊信任。别人的意见，威尔逊常常很少采用，或是根本不采用，而霍士却屡屡进言得以被采纳，后来霍士做了副总统。霍士自述说："我认识总统之后，发现了一个让他接受我的建议的最好办法，我先把计划偶然地透露给他，使他自己产生兴趣。这是在一次偶然的机会中发现的。"

霍士不但使威尔逊自信这种思想是自己的，后来霍士还牺牲了自己许多伟大的计划，让威尔逊获得民众的拥戴。那么，霍士是怎样把计划移植到威尔逊心中的呢？他常常走进总统办公室，以一种请教的口吻提出建议："总统先生，不知道这个想法是否……""您觉得这样做还有什么不妥吗……""我们是不是这样……"就这样，霍士把自己的思想不露痕迹地灌入威尔逊的大脑，使他从自己的角度考虑这些计划，加以完善并付诸实施。

戴尔·卡耐基曾经说过："如果你仅仅提出建议，而让别人自己去得出结论，让他觉得这个想法是他自己的，这样不更聪明吗？"许多实践也表明，人们对于自己得出的看法，往往比别人强加给他的看法更加坚信不疑。因此作为一个聪明的下属，要想使自己的看法变成上司的想法，在许多时候应做好引导工作，提出建议、提供资料，其中所蕴含的结论，最好留给上司自己去定夺。

1939年10月11日，美国白宫进行了一次具有历史意义的会谈。美国经济学家、罗斯福总统的私人顾问萨克斯受爱因斯坦等科学家的委托，正在说服罗斯福总统重视原子能的研究，想要抢在纳粹德国之前制造原子弹。

萨克斯一直等了两个多月，才得到了这一次面见总统的机会，自然十分珍惜。他先向总统面呈爱因斯坦的长信，接着谈了科学家们关于核裂变发现的备忘录，一心想说服罗斯福总统。可是罗斯福总统却听不懂那深奥艰涩的科学论述，反应十分冷淡。直到萨克斯说得口干舌燥，总统才说："这些都很有趣，不过政府若在现阶段干预此事，看来还为时过早。"

萨克斯心灰意冷地向总统辞别。这时，罗斯福为了表示歉意，邀请他第二天来共进早餐。这无疑又给了萨克斯一次机会。萨克斯心事重重，深知问题的严重性和紧迫性。为此，他整夜在公园里踯躅，苦苦思索着说服总统的办法。

第二天早上七点钟，萨克斯与罗斯福在餐桌前共进早餐。他还未开口，罗斯福就说："今天不许再谈爱因斯坦的信，一句也不许谈，明白吗？"

"我想讲一点儿历史，"萨克斯看了总统一眼，见总统正含笑望着自己，他说，"英法战争时期，在欧洲大陆上不可一世的拿破仑，在海上却屡战屡败。这时，一位年轻的美国发明家富尔顿来到了这位法国皇帝面前，建议把法国战舰的桅杆砍断，撤去风帆，装上蒸汽机，把木板换成钢板。可是拿破仑却想，船没有帆就不能走，木板换成钢板就会沉没。于是，他把富尔顿轰了出去。历史学家们在评论这段历史时认为，如果当时拿破仑采纳了富尔顿的建议，19世纪的历史就得重写。”萨克斯说完后，目光深沉地注视着总统。

罗斯福沉思了几分钟，然后取出一瓶拿破仑时代的法国白兰地，斟满了一杯，把酒杯递给萨克斯，说道：“你成功了！”萨克斯热泪盈眶，他说：“总统的这句话，揭开了美国制造原子弹历史新的一页。”本来罗斯福是坚决不考虑原子弹的问题的，可由于萨克斯采取了比较好的方式方法，罗斯福居然改变了看法，同意了萨克斯的意见。

三、让上司在多项建议中作出选择

让上司在多项建议中作出选择，会使上司感到非常舒服，这是一种高明的建议技巧。

对在国外出生的学究式人物亨利·基辛格来说，他在美国政府的生涯可谓壮丽辉煌。他第一次崭露头角是作为前纽约州州长纳尔逊·洛克菲勒的外交政策顾问的时候，当时洛克菲勒竭力向理查德·尼克松推荐基辛格，终使基辛格成了美国的国务卿。继尼克松之后，杰拉尔德·福特接任总统，他上任后办理的第一件事就是重新任命基辛格为国务卿。还有罗纳德·里根，虽然他被迫向极右支持者们许下诺言，他将不会任命基辛格为国务卿，然而他经常寻求基辛格的帮助。

与总统或将成为总统的人打交道，基辛格喜欢用的方式之一就是让他们做各种选择。至少在重要问题上，他努力向他们提供许多可能性以便他们选择，而不是提出一个特定的政策或是特定的行动方针。

基辛格总是精心地列举各种可能性。他列出每个可行的方案并且认真地写下它们所有的优点和缺点，但他绝对禁止自己只推荐其中的任何一个方案。

从上司管理的角度来看，这种方法的优点是显而易见的。在处理相当细微的琐事的时候，也可以有效地使用它。

办公室讲话宜看时机

有些时候，如果讲话的时机不好，把话说得过于直白或者是在时机不成熟的时候说出来，只能增加解决问题的难度，增加不必要的麻烦。

时机不成熟时，有些话是不能说的，如果非说不可，那就不妨“闪烁其词”。“闪烁其词”是一种很好的办法，这样就可以把话头给引开，事情反而会更好办一些。

美国前国务卿基辛格就是一个善于使用“闪烁其词”方法的高手。

一次，刚刚结束了美苏最高级会谈的美国国家安全事务特别助理基辛格，在莫斯科一家高级宾馆里，向随行的美国记者团介绍了美苏关于签署限制战略武器等四个协定的会谈情况。基辛格先生微笑着透露说：“苏联生产导弹的速度，大约是每年二百五十枚。女生先生们，我透露这消息，如果把我当间谍抓起来，不知道该怪谁啊！”

美国记者见缝插针，敏锐地问：“那么我们呢？有多少潜艇导弹配置了分导式多弹头？有多少‘民兵’导弹配置了分导式多弹头？”

记者们围着基辛格，把眼睛睁得大大的，等待着他把这个很有爆炸性的新闻给捅出来。

基辛格耸耸肩：“我不知道确切有多少‘民兵’导弹，至于潜艇，我的苦处是，数目我是知道的，但我不知道是不是保密的。”

有一名记者轻声说：“不是保密的。”

基辛格嘿嘿一笑，反诘道：“不是保密的，那你说是多少？”

结果记者空欢喜一场，再也不好意思问了。

在这次美苏最高级会谈前，基辛格途中经过维也纳，并就这次会谈举行了一次大型记者招待会。

《纽约时报》记者戴维·享廷顿就“程序性问题”向他提出疑问：“基辛格博士，到时您是点点滴滴地宣布呢，还是倾盆大雨似的成批发表协定呢？”

基辛格为了讥讽《纽约时报》，说：“瞧，戴维同他的报纸一样，多么公正啊！要我们在倾盆大雨和点点滴滴之间任选一个，所以无论我们怎么办，总是要湿透了。”

记者们不由一下子愣住了。

面对此景，基辛格不慌不忙地继续说：“我们打算点点滴滴地发表成批声明。”

全场哄堂大笑，气氛一下子热烈起来。

最有趣的是基辛格对付那些专门“钻研”别人隐私的记者的一番答话。

会谈结束，尼克松、基辛格离开苏联后，在德黑兰做了短暂停留。当晚，伊朗首相胡韦达邀请基辛格去看舞女帕莎的表演。基辛格对舞女很有兴趣，看得出了神，末了又与帕莎聊了一阵。

第二天，在总统座机上，有位美国记者向基辛格打趣说：“您喜欢她，是吗？”

基辛格一本正经地回答：“她是个迷人的姑娘，而且还对外交事务有着浓厚的兴趣。”

“真的？”记者以为抓住了什么“猛料”了呢，马上就“顺杆”爬上来了。

"那还有假！我们一起讨论了限制战略武器会谈问题，我还费了好些时间向她解释怎样把SS–7导弹改装成在V级潜艇上发射。"

记者讨了个没趣，只好红着脸走了。

基辛格在没办法如实地回答问题时，巧妙运用"闪烁其词"的办法，躲过了记者的苦苦追问。

"闪烁其词"是一个很好的办法，但要真正做到不露痕迹，自然地回避极为敏感的话题也并非易事，这需要机动灵活的应变技巧。否则，会给人造成"无所适从"的不良印象。

有些人在遇到自己没有办法回答的问题时，就会大发雷霆，甚至出口伤人，责怪对方问一些不该问的问题，这样就不会起到很好的效果，对于以后的交往也会形成很大的隐患。对那些没有办法直接回答的问题，在回答的时候，方式一定要巧妙，最好的方式是利用幽默的语言，这样对方既不会觉得你不礼貌，也不会对你反感。

切忌在同事面前炫耀自己

俗话说："木秀于林，风必摧之。""人怕出名猪怕壮。"这都是警告人们要学会韬光养晦、藏锋露拙，不要锋芒四射，事事都争着抢先，以显示自己胜人一筹。因为，有时这种积极的表现会招致他人的蔑视，甚至让人暗生嫉妒，在无意中树敌。所以，在职场我们应学会收敛，特别是在同事面前，更应谦虚一些。

法国哲学家罗西法古说过："如果你要得到仇人，就表现得比你的朋友优越；如果你要得到朋友，就要让你的朋友表现得比你优越。"当我们让朋友表现得比我们优越时，他们就会有一种得到肯定的感觉，但是当我们表现得比他们还优越时，他们就会产生一种自卑感，甚至对我们产生敌视情绪。因为谁都在自觉或不自觉地强烈维护着自己的形象和尊严。如果有人对他过分地显示出高人一等的优越感，那么无形之中是对他自尊的一种挑战与轻视，同时排斥心理乃至敌意也就应运而生。

日常工作中不难发现这样的同事，他们虽然思路敏捷，口若悬河，但刚说几句就令人感到狂妄。这种人多数都是因为太爱表现自己，总想让别人知道自己很有能力，处处想显示自己的优越感，以为这样才能获得他人的敬佩和认可，但结果只会在同事中慢慢被疏远。

在职场上，那些谦虚豁达的人总能赢得更多的知己，那些妄自尊大、小看别人、高看自己的人总是令人反感，最终在交往中使自己到处碰壁。

王先生是一位很有人缘的骨干，但他刚到单位时，在同事中几乎一个朋友都没有。因为他当时正春风得意，多次炫耀自己是多么能干，经常有人给他送礼请客，等等，同事们听了不仅不欣赏，而且还不高兴。后来经当了多年领导的老父亲点拨，他才意识到自己的毛病，从此以后便很少谈自己而多听同事说话。后来，每当他与同事闲聊，总是先请对方滔滔不绝地表现自己，只有在对方停下来问他的时候，才很谦虚地说一下自己的情况。由此，同事对他的看法改变了，他的朋友也多了起来。

其实，表现自己并没有错。在当今社会，充分表现出自己的才能和优势，是适应社会的必然选择。但是，表现自己必须分场合、注意形式，如果过于表现，使人看上去矫揉造作，一点儿都不自然，好像是做样子给别人看似的，那就要另当别论。

刻意地自我表现是愚蠢的。如果我们只是要在别人面前表现自己，使别人对我们感兴趣的话，我们将永远不会有许多真实而诚挚的朋友。

工作中，往往有许多人不善于掌握热忱和刻意表现之间的区别。许多人总把一腔热忱的行为搞得像是故意装出来的，也就是说，这些人学会的是表现自己，而不是真正的热忱。

其实，自我表现是人类天性中主要的因素之一。但刻意的自我表现就会使人感到做作、虚伪，使得最终的效果与表现人的意图相差甚远。许多人在谈话中不论是不是以自己为主题，总是有显示自己、表现自我的毛病。这种人可能被人误认为具有辩才，但是也可能被认为是口无遮拦、显得轻浮，等等，最终总会暴露出他的自我显示欲而使别人产生排斥感和不快情绪。

而善于自我表现的人，他们常常既表现了自己又不露声色。他们与同事进行交流时喜欢用“我们”而少用“我”，因为“我”给人以距离感而“我们”则使人倍感亲切，还会在不知不觉中把意见相左的人划为同一立场，并按照自己的意图影响他人。

总之，切忌在同事之中炫耀自己，即使想展示自己的能力，也要不露痕迹，或持谦虚的态度。只有这样，你才能既出色地完成工作，又赢得他人的赞赏。

说话时注意上司的情绪

在找上司阐明自己不同见解时，先向秘书了解一下这位上司的心情如何是很重要的。即使你的上司没有秘书也不要紧，只要掌握几个关键时间就行了。当上司进入工作最后阶段时，千万别去打扰他；当他正心烦意乱而又被一大堆事务纠缠时，离他远些；中饭之前以及度假前后，都不是找他的合适时间。

现代心理学证明：人在情绪不佳、心有忧惧等低落状态下更容易悲观失望，思维迟钝且惰于思考，情感波动大并易产生过激行为。这说明，人是一种有着复杂的生理和心理特征的生物，其思维特征要受到某种心理状态的影响。因此，在人与人之间的交流中，我们也要注意对方的情感变化，趋利避害，从而占据某种心理方面的优势和主动，防止自己受到不必要的消极伤害。

领导也是人，也无法摆脱上述思维规律的影响，这就提醒我们，一定不要在领导情绪不佳时进言；同时，这也启示我们，在领导情绪高涨、比较兴奋时提出建议可能会取得更好的效果。

聪明的下属，会在潜移默化中向领导“灌输”自己的观点。这种方法含而不露，形式灵活，影响力长久而隐匿于无形。他们正是靠着那种与领导之间的随意交流甚至是休闲娱乐，逐步启发、诱导领导，使自己的种种想法得以实现，并使自己成为领导者不可或缺的“宠幸”之人，从而发挥自己的作用。

在娱乐活动中，领导的心情一般比较愉快，这时候提出建议会使领导更容易接受。如果你能把所提的建议同当时的情景联系起来，通过暗示、类比等方式来提出，则会对领导有更大的启发。还有些比较聪明的下属善于接住领导的话茬儿，上承下传，借题发挥，巧妙地加以应用，从而很好地触动了领导，使许多悬而未决的问题得到了解决。

某单位刚购置了一批计算机及相关设备，并准备修建一个机房。但在机房安置空调机一事上，领导却不肯批准，认为单位的员工都在没有空调的情况下办公，不宜单独对机房破例。虽然有关人员据理力争，说明安装空调是出于对机器的保养而非个人享受的需要，但仍不能说服领导。

有一次，单位的领导与员工一起出去旅游、参观。在一个文物展览会上，领导发现一些文物，破损严重，就询问解说员。解说员解释说，这是由于文物保护部门缺乏足够的经费，不能够使文物保存在一种恒温状况下所致，如果有一定的制冷设备，如空调，这些文物可能会保存得更加完善。领导听后，不禁有些感慨。

此时，站在一旁的机房负责人老刘乘机对领导低语："李局长，机房里装空调也是这个道理呀！"

李局长看了他一眼，沉思片刻，然后说："回去再打个报告上来。"后来，这位领导果真批准了机房的要求，为机房装上了空调设备。

在这个例子中，老刘为了说服领导不失时机地将眼前的景象同自己所要提出的建议联系起来，使领导产生由此及彼的类比和联想，从而很好地启发了领导，让他能够接受老刘的意见，使问题得以解决。寥寥数语也胜过郑重其事的据理力争。

在娱乐活动中，领导比较高兴、情绪较为放松，更容易接受下属的一些建议。但是如果不能细察当时的情形，不能选择有利的进言时机，有时反而会弄巧成拙，招致领导的不快。毕竟在娱乐活动中，领导是来娱乐的，对于许多领导来说，这是难得的放松，他们并不想有人在这时候打搅他的兴致，更不想去谈什么工作。如果下属不懂审时度势、察言观色，在领导玩兴正浓时去请示工作或提出建议，无疑会使领导感到不快，在这种情形下，又怎么能够说服领导呢？

比如，一位领导正在与别人下棋，想着走哪一步，如何才能“置对方于死地”，此时你插上几句工作上的事，领导一走神，结果忘走了一步棋或者没看清对方的动向，丢了子儿，他怎么会高兴呢？即便是刚才处于优势，心情正好，此时也会大为扫兴，心生不快，很可能他就会视你的建议为出气筒，或者根本就对你和你的建议不愿理睬。

因此，此时你最好的选择便是加入领导的娱乐活动中，为领导助兴或帮助领导尽快取胜，使他的兴致得到满足。而且，在这一过程中，由于你和领导共同创造并分享了快乐，也容易使他接受你，为谏言创造一个良好的氛围。

玩笑不可开过头

在我们的实际生活中，朋友和同事之间经常出现开玩笑的情形。玩笑犹如一种精神“调节剂”，会使人与人之间产生轻松愉快的感情交流，这对紧张的工作、学习、生活无疑是非常有益的，但是开玩笑也要适度，不可开过头。

首先，在开玩笑之前，要注意你所选择的对象是否能经得起你的玩笑。普通人大概可分为三类：第一种，聪明机智；第二种，敦厚诚实；第三种，介乎上述两种之间。与第一种人，即聪明机智的人开玩笑，他不会使你“占便宜”的，与其开玩笑的结果通常是旗鼓相当，不分高下。第二种，敦厚诚实者，则无还攻之计，亦无抵抗之力，任你如何把他取笑，他脾气绝好，不会动怒。对前两种人，你可以看看对方情形而知道能否开玩笑。唯有介乎两者之间的第三种人，应付最要小心。这种人大概也爱和别人笑在一起，但一经别人取笑时，既无立刻还击的聪明机智，又无接纳别人玩笑的度量。所以开玩笑之前，要先深刻认识对方，这样开起玩笑来最为安全。

其次，开玩笑要适可而止。普通开玩笑，一两句说过便了事，不要老是专门戏弄一个人，也不要连续取笑。若专对一人不停地进攻，则普通人十之八九都是不能忍受的。

开玩笑本来无需顾虑到对方的尊严，但使对方太难堪了，亦非开玩笑之道。你笑你的同学考试不及格，你笑你的朋友怕老婆，你笑你的亲戚做生意上了当而亏本，你笑你的同伴在走路时跌了跤……这些都是需要同情的事件，你却拿来取笑，不仅使对方难于下台，也表现出了你的冷酷。同样地，不可拿别人生理上的缺陷来做你开玩笑的资料，如斜眼、麻面、跛足、驼背等，对于别人的不幸，你应该给予同情才是。如果谈话的人中有一位是生理上有缺陷的，那么在谈话中，要尽量避免易使人联想到缺陷方面的笑话。

一天，几个同事在办公室聊天，其中一位张小姐提起她昨天配了一副眼镜，于是拿出来让大家看看她戴眼镜好看不好看。大家不愿扫她的兴都说很不错。这件事使老吴想起个笑话，他就立刻说出来："有一个老小姐走进皮鞋店，试穿了好几双鞋子，当鞋店老板蹲下来替她量脚的尺寸时，这位老小姐是近视眼，看到店老板光秃的头，以为是她自己的膝盖露出来了，连忙用裙子将它盖住，很快，她听到店老板的一声闷叫声：'混蛋！保险丝又断了！'"

接着是一片笑声，孰料事后大家竟从未见到张小姐戴过眼镜，而且张小姐碰到老吴再也不和他打一声招呼。其中的原因不难明白。说者无心，听者有意，在老吴想，他只是联想起一则近视眼的笑话。然而，张小姐则可能这样想："你取笑我戴眼镜不打紧，还影射我是个老小姐。我老吗？我才26岁！"

所以，说笑话要先看看对哪些人说，先想想会不会引起别人的误会，不然会严重地伤害别人的自尊，这是不可取的。

姜某和陈某是同事，关系一向不错。在一次参加公司组织的活动中，姜某突然心血来潮想拿陈某"开涮"，他一本正经地对周围人宣称陈某买彩票中了288万元的大奖，讲得煞有介事，就像亲眼所见一样。

结果当晚，陈家的电话快成了"热线电话"，一直响个不停，有人找他拉赞助，也有人要跟他合资办企业，更有人开口就管他借钱……任凭陈某百般解释"中奖"是姜某顺嘴开的玩笑，陈某累得嗓子眼直冒烟，可这些人硬是认为他的话是"此地无银三百两"，更有甚者出言不逊，恶语威胁，令陈某脊梁骨上直淌冷汗。

陈某原本拥有的平静生活就这样被打破了，忍无可忍的他和姜某反目成仇，一纸诉状将其告上法庭。法院经过审理，最终作出判决，姜某不仅要向陈某赔礼道歉，还要赔偿其精神损失费3000元。

这就是开玩笑过了"度"所酿成的后果。

人际交往中，开个得体的玩笑，可以松弛神经，活跃气氛，创造一个适于交际的轻松愉快的氛围，因而诙谐幽默的人常能受到人们的欢迎与喜爱。但是，玩笑开过头了，则会适得其反，伤害感情，因此开玩笑要掌握好分寸。

第七章

这样说话最能营造美好家庭生活氛围

家庭生活中要正确处理相互间的关系，如父母是孩子的第一任老师，所以父母的言行举止会直接影响孩子的行为。有的父母在孩子面前总是摆出一副高高在上的姿态，让孩子望而生畏；而有的父母由于对孩子溺爱太深，与孩子的关系都颠倒了，这些都是错误的。

夫妻争吵不说“过头话”

在幸福的婚姻当中，夫妻吵嘴是不可或缺的一道“甜点”。吵完了就完，只要互相退让一步，就会和好如初。毕竟，夫妻没有隔夜仇。

俗话说：勺子没有不碰锅边的。恩爱夫妻也一样，两人共处的时间长了，难免会遇到不快的事，总有相互顶撞的时候。如果你不想损伤对方的自尊心，你就必须学会说“抱歉”。

在日常生活中，一些夫妇动辄发怒，事后又不分析原因，不设法解决。许多人认为这种现象是不好的，并称之为婚姻上的“慢性自杀”。而有的人认为，一味地忍耐，不发生任何口角和冲突，夫妻关系就会好。这种观点表面上看起来是合理的，实则已走向了另一个极端。回头看看他们的二人世界，关系的确“好”，但他们之间却不会很温暖，不会经常有爱情的火花迸发。因为他们忽略了这样一个事实，所有的家庭都存在着一定程度的矛盾，你的爱人不会每时每刻都对你充满柔情蜜意，彼此希望满足某些要求是合理的——只要这些要求不苛刻就行。

正确的做法应该是，既认识到偶尔的生气和冲突是一种正常现象，又注意保护你应该具有的“权利”。

夫妻吵架基本无输赢之分，谁是谁非不可能完全明明白白。有时只不过是做某一个“选择”，而这个“选择”往往来自一方的让步。懂得了吵架的艺术，夫妻就能虽吵犹亲，爱情的纽带也将越来越紧。怎样才能做到这一点呢？

（1）允许对方偶尔生气。

如果你认为彼此间爱慕的一对夫妇也不免会有嫉妒、烦恼和生气的事情发生的话，那么当这些情绪来临时，你就不会惊慌失措，因为这并不意味着他或她已经“没有感情”了。也许你的配偶是因为工作的缘故而情绪低落，没有向你表示缠绵之情，但即使这暂时的不快不是你的过错，你也应该问：“亲爱的，我做了什么事惹你生气了吗？”如果回答是否定的，你可以再问：“那么，我能为你分忧吗？”如果对方不需要，你就不必打扰。要知道，这些问候是你给予的最好的安慰。

（2）以冷对热。

以冷对热的关键就是你吵我不听。在一方感情激动、控制不住自己的时候，任他（她）发火，任他（她）暴跳如雷，不去理睬他（她）。“一只巴掌拍不响”，一个人吵，就不会吵起来，等对方情绪平复以后，再和他（她）慢慢说理，他（她）就容易接受。

（3）说话要有分寸。

即使忍不住争吵，说话也要有分寸，不能说绝情话，不能讥笑对方的某些缺陷或揭对方的“伤疤”，更不能在一时气愤之下，不计后果地破口大骂。比如有的人吵架时言语不留余地：“你问得太多了！”“我要你怎么干就怎么干！”“你受不了可以走。”这类咄咄逼人的话，很容易引发更大的冲突。

“三八”妇女节那天，伟吃过晚饭以后，坐在客厅里看电视，妻子一边收拾碗筷，一边念叨：“今天，单位里的女同胞们可开心了，有的人收到了男朋友送来的一大捧玫瑰，有的人收到未婚夫赠送的精美手表，还有的人收到了丈夫送的时装。”最后，她叹息道：“唉！我可没这个福气。”

尽管伟听了以后感觉很不舒服，但不想惹起事端，因为这样的话伟平时听的太多了，也许她今天还是说说而已，伟心里想他只要置之不理，她自然偃旗息鼓。于是，他继续盯着电视看，装作没听见。

但妻子洗好碗后，坐在伟身边继续喋喋不休。从她结婚后就没收到过伟的礼物开始，一直讲到现在活得毫无情致。伟开始频频按动着手里的遥控器，以表示内心的不满。可是，妻子似乎丝毫没有发觉伟的忍耐度正在一点点地变小，依旧唠叨。

伟终于按捺不住，把遥控器狠狠地扔在桌子上，大吼道：“你别总这么烦人好不好？嫁给我你是不是感到后悔了？现在要是觉得有人比我更好，你趁早找他去！”

妻子的唠叨一下子“刹车”了。她瞪大了眼睛，默默地看着伟，眼睛里充满着失望和怨恨。

他们对视了一小会儿，她独自走回卧室。孤单的背影让伟忽然明白，其实女人非常渴望从丈夫那里得到尊重，而这种尊重很可能就是一些不起眼的小礼物。

伟顿时感到后悔。其实，结婚以后，伟确实没有像许多男人那样，把妇女节、情人节、结婚纪念日等女人很在意的节日放在心上，而是把它们视为普通的日子。

想到这里，伟急忙走进卧室，却看见妻子正在收拾着衣服。伟问她："老婆，你这是要干什么？"

"回家！"她头也不抬地回答。

伟一把从她手中夺过包裹，说："我不就是没送你礼物嘛，就值得你生这么大的气？"

但妻子却使出全身的力气，又从伟手中把包裹抢回去。

伟赶紧从妻子的背后搂住她的腰，按住她的手，说："老婆，我爱你！说真的，我真怕你回到娘家，到时候我一个人可怎么面对这个空房子呀！"

妻子停止收拾衣服，轻轻地抽泣起来。

伟把她抱在怀里，她的眼泪哗哗地往下流。她流着泪跟伟解释说："我其实不需要昂贵的礼物，只要你有一句体贴的话就足够了。你为什么不早对我说啊？"

现在，伟明白了，女人有时真的很在意丈夫的话语，也许只是一句气话，她也可能会当真。同时，女人不需要太多，有时只要丈夫在她的耳边轻轻地说一句“我爱你”，足以让婚姻更加鲜活、更富有激情。

（4）直接表达自己的期望。

如果一方想表达自己某种强烈愿望，最好直说“我想……”。比如妻子责怪丈夫好久未带自己上餐馆，她就不妨直说：“我想今晚到外面吃饭。”而不要说：“看约翰每周至少带妻子上一次饭店，而你呢？”

（5）就事论事。

为哪件事吵嘴，说清哪件事就行了，不要“翻旧账”，上纲上线，也不要无限扩大。不要随便给对方扣什么“自私”“不可救药”“卑鄙无耻”等帽子，否则，就会把事情搞得很严重。

（6）主动退出。

不少夫妻在争吵过程中，总有一种心理，就是都要以自己“有理”来压服对方，结果谁也不服谁，反而越说越有气。

其实，夫妻之间的争吵，一般没有什么原则性的问题，许多是是非非纠缠在一起，也不易分清谁对谁错，特别是在头脑发热、情绪激动时更不易讲清。如果争吵到了一定程度，发现这样下去还不能解决问题，那么有一方就要及时刹车，并提示对方休战了。这并不是屈服、投降，而是表示冷静、理智。比如可以用幽默打破僵局，或者干脆严肃地说：“我们暂停吧！这么吵也解决不了问题，大家冷静点儿，以后再说。”之后，任凭对方再说什么，也不再搭腔。

勿忘随时表达爱意

当今时代是竞争时代，夫妻双方都要走出家门，寻找机会，谋求发展，而用于维护婚姻的精力和时间越来越少。因此，夫妻的交流谈心显得越来越重要。有时聚会却不知道如何交流，怎样说话，这是当前许多夫妻所面临的难题。

时常听到有些夫妻感叹：从恋爱到结婚，该说的都说了，再也没有什么新鲜的东西好讲；即使要说，也是白说，因为往往是重复的话题，显得有些唠叨、饶舌，并且吃力不讨好。

专家认为，有些夫妻觉得没话可说，这与谈话的范围过窄、内容过少有直接的关系。实际上，夫妻之间要说的话很多，特别是夫妻之间需要常谈而愿意倾听的话题还是不少的。

如果说爱情是夫妻感情的基石，那么充满爱意的情爱语言则是夫妻之间不可缺少的润滑剂。充满爱意的情爱语言是真爱之心与得体语言的最佳结合。

一、甜言蜜语是夫妻间不可或缺的润滑剂

无论什么时候，爱人之间说上一句“我爱你”，总是能激起千种蜜意，万般柔情。

张丽华结婚刚三年就和丈夫分居了。她对朋友说："他一定是有问题。每天回家很少和我讲话，吃完饭就马上躺到沙发上看电视，一直持续到深夜。一句多情的话也没有，仿佛情话都在结婚以前说完了，实在让人难以忍受。"由此可见，张丽华需要的并非什么奢侈品，只是丈夫的柔情蜜意。

杨林与刘虹结婚 8 年后，杨林曾这样回忆他的生活："有一天晚上，我深吸了一口气后，滔滔不绝地向她倾诉了对她的柔情、对她的爱恋。我告诉她：对我而言，你是世界上最不平凡的女子。我这番热情洋溢的话使她万分激动，连我自己也感动不已。现在，我一有机会便向她表露我的衷肠，而我每次都觉得感情比以前更为炽热。"

可是，应该怎样说才能使说的人不至于做作，听的人不觉得肉麻呢？无须多想，爱的语言用不着长篇大论。如果你正和爱人一起待在屋里，你觉得能和她在一起真高兴，那你就对她说几句甜言蜜语。

夫妻之间的情爱语言虽不如恋爱刚开始那样浓烈，但却如陈年老酒，回味悠长。

一般来说，夫妻间的情爱语言有以下几种形式。

（1）直抒爱意。

当爱情转变为婚姻之后，轰轰烈烈的爱情就变为平淡温馨的家庭生活。夫妻之间虽然不必每天不离“我爱你”这句话，但也没有必要把这句话抛到九霄云外。在某些时刻，一句深情的“我爱你”会勾起对方的美好回忆，在彼此的心中激起爱的涟漪。这对于加深夫妻感情是大有益处的。

有一对中年夫妻，彼此的工作都很忙，平时交谈的机会不多。可是每逢晚上下班回家或休息日的时候，总要说一些情爱话题。共同看电视剧，看到剧情中男女的恋爱情节时，经常一同回忆他们相恋的时光，说些过去甜蜜的经历。每逢对方的生日和共同的纪念日还举行一些小活动，以此加深夫妻间的感情。

夫妻双方应该多说“我爱你”“我喜欢你”，千万不要有“即使自己不说，对方也能感应到”的想法，也千万不要认为时常将“我爱你”一类的话挂在嘴边，是件肉麻的事，有损自己颜面。多表达自己的情感，能使彼此的关系更加融洽。如果你足够聪明，就应该表达出自己的爱，并且让对方知道。

夫妻间直抒爱意并不是多余的，它可以在你们平淡的生活之海中激起一朵朵五彩的浪花。但现实生活中常常有许多人忽略了这一点，结果感到婚后的日子平淡无奇，少了激情，更有甚者陷入情感危机。其实有时候，一句直抒胸臆的“我爱你”，分别时候的一句“我想你”，对你来说可能只是举“口”之劳，可对对方来说却是倍感温馨，所以千万不要吝惜你的甜言蜜语，它会使你的婚姻生活更甜蜜。

（2）充满爱意的幽默。

有些人非常幽默，总会在家里说一些逗人开心的笑话，进而营造欢乐的家庭氛围。有的夫妻一走进家门，就把自己的所见所闻说给爱人听，特别是女性总是把自己感觉有趣味的事说给丈夫听，引出一阵笑声，其中就体现了深深的爱意。

在忙碌的生活中，运用幽默语言调节心情，缓解生活的重负，分担对方的痛苦，更是爱意的语言表现。

有一对夫妻因为一点儿小事闹矛盾了，妻子赌气不吃饭，也不理睬丈夫。聪明的丈夫一见，急忙哄妻子："生气老得快，愁一愁白了头，你想弄个老妻少夫呀？"

妻子被丈夫的几句言语逗笑了。丈夫接着说："这就对了，笑一笑十年少，笑十笑老来俏！"

妻子的气顿时烟消云散，撒娇地说："哼，贫嘴，再说小心我休了你！"可心里却是甜滋滋的。

（3）充满爱意的语言并不一定都挂上"爱"字，关切、关怀、支持、祝福之类的语言同样可以包含深深的爱意，都是对方乐意听到的。

比如现在大家平时工作很忙，对家庭的投入相对少了许多。可是一定要记得在爱人生日时送上一份小礼物或一束鲜花，附张小卡片，趁机说一些真诚而动听的语言，以表达对爱人支持自己工作的感激之情和祝福之意，妻子看了一定十分感动，夫妻生活也将会更加圆满、幸福。

二、无关紧要的“废话”更显温存

不难发现，人与人的交谈中总带有一些废话：陌生人见面有礼节性的客套，客人见面要寒暄一番，批判性的话常常用委婉的说法表达出来……这些看来无关紧要的“废话”却是人际关系中不可缺少的工具。

妻子回到家，推开门，丈夫劈头就问：“怎么这么晚才回来？”

而妻子也许遇到了不顺心的事，已经是急匆匆地赶回家来的，一听这话就火了：“我晚回来关你什么事？管头管脚，你样样都要管？”

丈夫也火了：“我问错了？我问你怎么会这么晚才回来，有什么不对？”

的确，单单把丈夫的话写出来分析，是没有什么不对，他要了解一下妻子晚回来的原因，其中包含着关心的意思。那么，问题出在哪里了呢？让我们来看看，要是给这些话加上点无关紧要的“废话”，效果会怎么样？

丈夫说：“阿玲，你回来了！今天好像晚了点儿……”其实，你不用问下去，妻子就会说明晚归的原因了。同样询问晚归的原因，加了几句多余的话，却让人感到亲切和体贴。

同样，如果丈夫那句直率的问话已经出口了，妻子在回答时注意加上一两句无关紧要的“废话”，比如说：“你瞧，我这不是回来了？”或者“真对不起，让你等急了吧？”这样，即使妻子不忙解释原因，丈夫焦急和不耐烦的心情也就缓解了，两个人也不至于吵起来。

对于这种近乎婆婆妈妈的事，做丈夫的往往很不在意。比如：丈夫马上要上班了，温柔细心的妻子反复叮咛：“中午饭后别忘了吃药。”或“下午天要冷的，带件衣服走吧。”丈夫不耐烦地说：“你有完没完？年纪还不大就这么唠唠叨叨。”试问，妻子这时会怎样想？妻子此时一定会感到伤心和委屈。

再如，丈夫回到家里，把该买的买回来了，该做的做了，妻子问什么他答什么，三言两语、干净利落。可是，妻子总觉得还缺点儿什么，同姐妹们唠家常时，不无埋怨地说：“我那口子老实得像块木头，三拳头打不出句话来。”原来，妻子内心在期待着丈夫除了讲这些最“实用”的话，再加一些温存的“废话”。

这种似乎无关紧要的“废话”，用术语来说，叫作“冗余度”。人们在恋爱的时候，需要许许多多这类冗余的话，一言一语，一举一动都充满着只有对方才能体会到的情意。可是，在婚后夫妻交往中，对这种冗余度的要求减少了，从个人的感觉来说，既已成夫妻，再说那些年轻时的火热话题似乎有点儿不好意思。夫妻间事务性的“正经话”越来越多，含情脉脉的“没用话”则越来越少。时间一长，双方都会感到失去了什么，逐渐产生“婚姻是爱情的坟墓”的感觉。

注意从恋爱到结婚乃至家庭生活的不同阶段，交谈时说些无关紧要的“废话”，有助于夫妻间保持亲密和谐的关系。

用得体的语言表达不满

在谈恋爱的时候，很多人为了讨好对方常做出许多违背心意的事来，即使有再多的不满也化为强装的笑颜。其实大可不必这样做，让恋人知道你的不满，也不会破坏你们的感情，只要做法得当，不仅能帮助对方改掉许多恶习，还会让对方学会尊重他人。

一、用“弦外之音”让对方心有所悟

有些事情不必深究，只需点到为止，对方就会自省，继而悔改，这样可以避免直接冲突。

二、用诙谐的话语使对方笑着接受你的“不满”

当对方的所作所为引起你的不满时，用诙谐的言谈能让对方笑着接受你的“不满”。

雅倩非常喜欢跳舞，男友小张偏偏是个不好动的人。正参加本专业自学考试的小张，常被雅倩拉去跳舞，而且雅倩有个很不好的习惯，不跳到舞厅关门不尽兴，久而久之小张就受不了了。

有一次他们从舞厅出来已是夜里12点多了，小张说："你的舞跳得很棒，我还没看够，你一路跳回家怎么样？"

雅倩撒娇说："你想累死我啊！"

小张一副认真的样子："不要紧，我用快三陪你跳。"

雅倩扑哧一乐："亏你想得出，丢下我一个人也不怕我碰上流氓。"

小张这时言归正传："那你在舞厅丢下我一个人，也不怕我打瞌睡被人掏了包儿。"雅倩这时才知道男友对跳舞压根没有兴趣，以后就有所收敛了。

三、用至理真情去感化对方

把恋人的某种缺点抑制在"萌芽"状态，有时需要用合情合理的话语，把你的心掏给他（她），做一次倾心的交谈。尽管他（她）会认为是小题大做，但过后仔细一想，就会认识到自己的不对，从而更加珍惜你对他（她）的一片真情。

四、用得体的身体语言表达你的内心情感

从一个人的表情、举止等身体语言能够看出一个人的内心世界。有涵养的恋人往往能从对方的一举一动中体察到他（她）的内心情感。当男友观看节目总喜欢滔滔不绝地发表评论影响女友或旁人时，女友可以用恰当的身体语言来表示内心的"不满"。比如神情专注地观看节目，表示无法分心听他的高论，或者找一本杂志来看，以转移视线表示兴趣不一。慢慢地他就会因为自己的“高见”没有听众而就此打住。

恋爱时有些感情热烈的男孩子往往难以控制自己的情感，目光或举止会有意无意地流露出某种企盼。聪明的女友该怎样对待这种“过分”的表示呢？大声斥责容易伤害对方的感情，任其所为又并非己愿。那么，可以选择用“愤怒”的目光注视他，或者拉下面孔做出一副冷漠的神情，定能让他知道你内心的不满，继而不敢随随便便。

相恋时双方的感情总是美好的。在不伤害对方感情的前提下，让对方接受你的“不满”，并且让他（她）知道，你是在爱他（她），而不是在“恨”他（她），这时发现对方缺点并及时地促其改正，也许会破坏一时的甜蜜气氛，却能让双方更默契地踏上婚姻之桥。

与孩子交流有技巧

父母是孩子的第一任老师，所以父母的言行举止直接影响孩子的行为。有的父母在孩子面前总是摆出一副高高在上的姿态，让孩子望而生畏；而有的父母由于对孩子溺爱太深，与孩子的关系都颠倒了。这些都是错误的。

父母对孩子说话是要讲究技巧的，例如假日想下馆子“打牙祭”，父母该如何征询孩子的意见呢？不少人的回答是：“你们想吃什么？”父母说这话，其实是替自己找麻烦，因为意见一定很多，而且孩子的主意常改变，两个或两个以上的孩子意见更会不同，再加上自己和配偶的喜好有差异，于是常争执不下，甚至很难出门，即使决定了吃什么，仍会有人不高兴，因为他会想：“我为什么要被牺牲？”原本愉快的事反而弄得气氛不好。

我们的建议是提出“有限度的选择”，比如说：“我们是去麦当劳还是去吃西式自助餐？”这种征询意见的方式通常是两种选择的征询，顶多不超过三个。也许仍会有其他声音，只需温和而坚定地说：“这一次我们在二者中选一，下一次你的意见优先考虑。”如此，常可化解不必要的争执，愉快地出门用餐。何况，孩子也能通过这件事慢慢了解到生活中我们常常没有太多的选择，不是吗？

诸如上述的说话技巧，仅是举例供父母参考。可是有些父母的反应却是：“现在的父母真难做，连对孩子说话还要这么注意！”或者是：“这样说话多痛苦啊！”其实，真正要强调的不是说话的技巧，而是说话的态度。

如果我们肯定民主教育的方式是对的，那么身为父母就得学习如何摆正尊重的态度和心平气和的对话，在经过一段时间后，自然能举一反三，并且内化成自己说话时的特质。到那时，说话不仅是一种技巧，而且成为一种艺术。说话并不难，说得让别人欣然接受，那就得费心思了。而且别忘了，自己的说话方式不也是孩子学习的榜样吗？

父母是孩子最好的老师也是孩子立身的榜样。父母在和孩子交谈时一定要注意态度，尊重孩子。特别是在训斥孩子时，不能忘乎所以，任意辱骂，特别是不能说伤害孩子自尊的话。下面罗列了一些家长对孩子一定不能说的语句，仅供家长参考。

（1）“揍死你”或“打死你”等。

很不幸，如今仍有一些父母用打骂的手段来管教孩子。打骂孩子的时候，气愤至极的父母还常说这样一句话：“揍死你！”

“揍死你”这一类空洞的话，只会降低父母的威信，不会有任何实际效果。因为当其说这句话时，表明其再也拿不出什么好办法了。由于这说的仅仅是一句“大话”，根本无法兑现(父母也不可能去兑现)，孩子并不会因此而停止他的活动。

打骂孩子的父母是最无能的父母。如果你不喜欢打骂孩子，只是一时气愤难以忍耐，那么打骂将宣告你的失败。如果你就是喜欢打骂孩子，那么你就是一名需要治疗的病人。

（2）“他有个尿床的毛病。”

一位母亲跟人闲谈，话题扯到孩子身上时，“他有个尿床的毛病……”话刚出口，一旁的小男孩羞红了脸，露出生气的表情。

尿床属于“难言之隐”，也是属于孩子的隐私。孩子对此特别敏感，父母一般情况下不该向他人提及。这位母亲的话，也许是在无意中说出的，但孩子却误以为母亲在当众让他出丑呢。

孩子尿床，是因为脑子里负责控制排尿的神经尚未发育周全，一般情况下随着年龄增长自然就会消失。如果孩子尿床，家长不必大惊小怪，只需勤洗床单就可以了。同时需要牢记：不要对孩子有任何埋怨的言辞，更不要将此事到处宣扬。你保护了孩子的自尊心，孩子会终生感激你的。

（3）“你真笨！”

什么叫笨？学东西慢就叫笨。在动作上，不灵巧的、迟缓的叫作笨。

如此说来，新生儿是最笨的，他什么都不会，连吃都不会，也不会说话，不会走路，为什么我们不说他笨。原来笨是人为规定的相对概念，是同别人对比而得出的。别人都会走路了，而你还不会走，那是你笨手笨脚；别人都会说话了，而你还不会说，那是你笨嘴拙舌；别的同学考试全对，而你总是做错题，还是你笨吧！

懂事的孩子最怕别人说他笨，他不明白自己为什么学东西这么费劲，总是在出错。也许，多年之后他能证明自己不笨，可当时心里就像压了一块大石头。

（4）“他打了你，你怎么不去打他？”

如今社会进入了竞争激烈的时代，有些孩子的父母也“与时俱进”，不再讲究“温良恭俭让”了。孩子在外面和小朋友打架，回家后不免向家长诉说一番，有的家长就问："他打你没有？"

"打了。"

"他打了你，你怎么不去打他？"

这些家长把敢不敢与人对打看作孩子有没有竞争意识，觉得太老实了容易受人欺负，就得以血还血，以牙还牙，反正不能吃亏！照这样的逻辑引申下去可就不妙了：别人打你，你就打别人；别人不讲理，你就不讲理；别人偷你自行车，你就偷别人自行车；别人腐败，你就腐败……

这样下去，社会会变成什么样的社会？未来会变成什么样的未来？你就准备让孩子在这样的环境里生活吗？你准备让孩子变成一个"占便宜没够，吃亏就难受"的人吗？

作为父母，一定要注意自己的言行，不要对孩子说一些不恰当的话，以免影响孩子的发展。